Gulliver Taschenbuch 428

Klaus Kordon

Der Weg nach Bandung

Tadakis Geschichte

Roman
Mit einem Nachwort
des Autors

BELTZ
& Gelberg

www.beltz.de
Gulliver Taschenbuch 428
© 1998, 2000 Beltz Verlag, Weinheim und Basel
Programm Beltz & Gelberg, Weinheim
Alle Rechte vorbehalten
Einbandgestaltung von Max Bartholl
Einbandbild von Peter Knorr
Gesetzt nach der neuen Rechtschreibung
Gesamtherstellung Druckhaus Beltz, 69494 Hemsbach
Printed in Germany
ISBN 3 407 78428 7
2 3 4 5 6   06 05 04 03 02

Inhalt

3. Teil
Der Doktor

1. Teil
Wer nicht arm ist,
der ist reich

Eine einmalige Gelegenheit

Der tote Chinese grinste. Er grinste immer, wenn hinter der anderen Seite des Flusses der Mond aufging. Jato, der Limonadenverkäufer, hatte das Schattenspiel der Zweige und Blätter der beiden Bananenbäume vor Madis Bambuszaun so genannt. Und es stimmte, die stumpfen Schlitzaugen, der höhnisch verzerrte Mund, sogar der lange dünne Schnurrbart und die Ohren – alles war zu sehen.

Als Tadaki noch ein kleiner Junge war, hatte er sich vor diesem Anblick gefürchtet. Er hatte seinen Kopf in Mutters Schoß gepresst und erst wieder aufgeblickt, wenn der Mond höher gestiegen und der böse Dämon verschwunden war. Jetzt verriet ihm dieses Schattenspiel nur, dass Mutter und Zora bald kommen würden.

Er konnte also schon mal ein Feuer anzünden. Vielleicht hatten Mutter und Zora ja was verdient. Dann würde Mutter sicher noch Reis kochen; vielleicht sogar einen Gemüsereis.

Er legte ein paar Kistenbretter in die Feuerstelle zwischen den Ziegelsteinen und tat etwas von dem Altpapier hinzu, das er aus der Innenstadt mitgebracht hatte. Dann zog er seine Zündhölzer aus der Hosentasche, rieb eines an und hielt es mal an diesen, mal an jenen Fetzen Papier.

In Dopo kam Leben.

Er kroch von Tadakis Schulter und hockte sich dicht neben die Flammen. Tadaki nahm seinen kleinen Affen in die

9

Arme und rieb ihm den Rücken warm. »Schon gut, alter Mann, gleich wird's gemütlich.«

Dopo schmiegte sich eng an ihn. Er war nun wirklich schon ein alter Mann, die Abendkühle machte ihm zu schaffen. Oft zitterte er so sehr, dass die langen weißen Haare, die sein schwarzes Gesicht umkränzten, den Eindruck erweckten, er hätte den Kopf in Eselsmilch getaucht. Er wurde auch immer grauer und langsamer; nur seine Augen waren noch so flink wie früher.

Aufmerksam spähte Tadaki in Richtung Innenstadt. Von dort mussten Mutter und Zora kommen. Aber er konnte nicht viel erkennen, es war schon zu dunkel. In der Innenstadt gab es Laternen, viele beleuchtete Schaufenster und die Scheinwerfer der Autos; in der Innenstadt merkte man oftmals gar nicht, dass schon Abend war. Hier draußen in Kota gab es keine Laternen, keine Schaufenster, und Autos kamen nur selten vorbei.

Allein die Hochhäuser auf der anderen Seite des Flusses spendeten ein wenig Licht. Und wie immer sah es aus, als würden die dunklen Riesen mit ihren vielen hellen Augen ihn beobachten. In Wirklichkeit aber sahen sie ihn nicht, nur er sah sie, und immer wieder versuchte er sich vorzustellen, wie die Menschen dort lebten. Doch es gelang ihm nicht; er hatte noch nie eines jener Häuser betreten.

Ein Auto kam durch die Straße gefahren. Das Licht der Scheinwerfer fuhr ihm grell in die Augen. Tadaki drehte den Kopf zur Seite und wartete, bis es vorbei war. Dann sah er den rot glühenden Rücklichtern nach und fragte sich, wo das Auto wohl hinwollte – zum Hafen hinunter oder zum Fischmarkt?

Die Kistenbretter waren kurz vorm Verglimmen. Das Holz war zu dünn und zu trocken. Schnell stand Tadaki auf und holte ein paar dickere Bretter aus dem Versteck zwischen den Büschen.

Die Büsche waren ihre Kammer. In den Büschen bewahrten sie alles auf, was sie besaßen: den Schuhkarton mit dem Stück Seife, Mutters Zahnbürste und ihren alten Kamm, die Plastiktüte mit den Pappbechern, die er hinter dem Pasar Baru gefunden hatte, und den Reistopf, den noch der Vater besorgt hatte. Dazu alles Brennmaterial, das Mutter, Zora und er auf den Straßen und Plätzen aufgelesen hatten.

Wieder sah Tadaki in die Richtung, aus der Mutter und Zora kommen mussten. Die beiden ließen sich heute aber wirklich viel Zeit. Ob sie immer noch vor dem Hotel *Indonesia* herumstanden? Wenn ja, hieß das, dass sie bisher noch nichts eingenommen hatten. Es wäre ja nicht das erste Mal, dass sie ohne eine einzige Rupiah* heimkehrten. Trotzdem ging Mutter mit Zora immer wieder dorthin. »In dem großen Haus wohnen so viele reiche Leute«, sagte sie. »Einer gibt immer was. Man muss nur allein sein. Vor vielen haben sie Angst. Sie mögen so viele Arme nicht.«

Sie sagte das auch, wenn sie ohne eine einzige Münze heimkehrte. Sie verlor nie die Hoffnung, obwohl es immer schwerer wurde, etwas zu erbetteln.

Als Zora zwei Jahre alt war, hatte Mutter sie einfach hinter eine Blechbüchse auf die Erde gesetzt. Direkt vor dem Hotel *Indonesia*. Wenn die Touristen aus dem Hotel kamen, brachten sie es nicht übers Herz vorbeizugehen, ohne etwas

---

* indonesische Währung: ca. 1000 Rupiah = 1 DM

in die Büchse zu tun. Mutter stellte sich währenddessen hinter eine Ecke und passte auf, dass niemand Zora etwas wegnahm. Aber das war nur kurze Zeit gut gegangen. Die Konkurrenz ließ sich das nicht lange gefallen. Überall, wo Mutter und Zora auftauchten, wurden sie verjagt und einmal auch verprügelt. Seitdem umkreisten sie die Straßen rund ums Hotel und klopften an die Fensterscheiben der Taxis, die an den Ampeln halten mussten.

Ein Trick, den Tadaki ihnen beigebracht hatte. In den Autos fühlten die Touristen sich sicher, da brauchten sie nur die Fensterscheiben herunterzukurbeln und konnten ein paar Münzen hinausreichen. Doch natürlich wurde Mutter und Zora das bald nachgemacht, und deshalb brachte dieser Trick auch nicht mehr viel ein.

Es lag aber auch an Zora. Sie hatte einfach kein Talent zum Betteln. Sie starrte die Fremden nur an, weinte nicht, lachte nicht, machte keine Späße. Als er so alt war, hatte er besser verdient. Er hatte sich Dopo auf den Kopf gesetzt und war mit ihm durch die Innenstadt gezogen. Und dann hatte er seinen Bettelspruch aufgesagt: *No Mama, no Papa, no Television!* Ein toller Spruch, ein lustiger Spruch. Der war angekommen bei den Touristen. Sie mussten darüber lachen – und das war das Beste, was man erreichen konnte. Gejammer und Gestöhne hörten sie schon genug, da schauten sie lieber weg. Wenn er seinen Spruch aufsagte, freuten sie sich und griffen bereitwillig nach ihren Portemonnaies.

Er war ein guter Bettler gewesen. Er wusste, was die Leute hören wollten. Aber nun? Mit dreizehn nützte ihm selbst Dopo nichts mehr. Was früher niedlich ausgesehen hatte, wirkte nicht mal mehr komisch. Hundert Rupiah hatte er heute nur eingenommen. Das war nichts, das war noch weniger als nichts; das reichte nicht mal für eine Fingerkuppe voll Reis.

»Wenn ein Job nichts mehr bringt, muss man auf einen anderen umsteigen«, sagte Massari immer.

Der Bruder hatte gut reden. Er hatte ja das Betjak[*]. Mit einem Betjak wurde man nicht zum Millionär, aber man musste auch nicht verhungern. Auf welchen Job sollte er denn umsteigen? Autofenster putzen? Das hatte er schon versucht, es hatte nicht geklappt. Zu oft hatten ihm die Autofahrer nichts gegeben. Und wenn er sich darüber beschwerte, hatten sie ihn fortgejagt. Schließlich hatten sie ihn nicht darum gebeten, ihnen die Fenster zu putzen.

Auch als Gepäckträger hatte er sein Glück versucht. Aber da war er nicht der Einzige gewesen, vor jedem Bahnhof standen unzählige Träger herum – junge Burschen und erwachsene Männer, Greise und Kinder. Nur die schnellsten und kräftigsten von ihnen fanden Kundschaft. Er war meistens zu spät gekommen... Sollte er etwa in die Müllhalden ziehen, Aasgeier werden? Er hatte die Männer und Frauen, die dort hausten, schon oft beobachtet, hatte gesehen, wie sie die Müllhalden nach Schrott, Altpapier, Knochen, Flaschen und altem Motoröl durchwühlten. Manche von ihnen verdienten nicht schlecht, die meisten aber hungerten sich auch nur so durch. Und rings um ihre Hütten aus Ästen und alten Plastiksäcken stank es nach Fäulnis und Verwesung. Mutter und Zora würden sich die Nasen zuhalten, wenn sie ihn besuchten...

[*] Fahrradrikscha

Dopo wurde unruhig. Er hatte die lang gezogenen Rufe gehört, mit denen Jato seine Limonade anpries. Also musste es inzwischen schon acht Uhr sein, Jato kam immer um diese Zeit hier vorbei.

Tadaki stand auf, setzte sich Dopo auf die Schulter und bewegte die steifen Beine ein bisschen.

Jato war Vaters Freund gewesen. Bereits als Kinder hatten sie sich gekannt. Nun war der Vater schon lange tot und Jato ein alter Mann. Sein Haar war grau und licht, und das von der Last durchgebogene Bambusrohr mit den beiden Kästen hinten und vorn ermüdete ihn von Tag zu Tag schneller. Dreißig Jahre trug er es nun schon, seit dreißig Jahren war er Limonadenverkäufer. Das Bambusrohr hatte sich in dieser Zeit immer tiefer in seine Schulter gedrückt. Wenn er die schweren Kästen mit den großen Limonadenflaschen, den Gläsern und dem Wassereimer zum Spülen der Gläser abstellte, konnte man die kuhlenförmige Vertiefung in seiner Schulter sehen. Dann sah er irgendwie schief aus. Und er ging auch schief, egal, ob er eine Last trug oder nicht.

»Bist du allein?« Vorsichtig stellte Jato die Kästen mit den Gläsern und Flaschen neben der Feuerstelle ab.

»Ja.« Tadaki guckte besorgt. »Sie müssten schon längst zurück sein. Oder hat es etwa eine Razzia gegeben?«

In der letzten Zeit war es immer häufiger vorgekommen, dass die Polizei mit Lastkraftwagen durch die Straßen fuhr und alle Obdachlosen festnahm. Sie wurden weit vor die Stadt gebracht und erst wieder freigelassen, nachdem ihnen verboten worden war, nach Jakarta zurückzukehren. Natürlich kehrten die meisten trotzdem in die Stadt zurück, aber sie brauchten viele Tage, manchmal sogar Wochen dafür.

Jato schüttelte den Kopf. »Wenn es eine Razzia gegeben hätte, hätte ich davon erfahren.« Er hockte sich ans Feuer und wärmte sich die Hände. Dann sah er Tadaki an. »Wie war dein Tag? Gut?

»Schlecht.« Tadaki kauerte sich neben ihn. »Sehr schlecht. Weißt du, was ich heute verdient habe? Nur lumpige hundert Rupiah! Ein Witz ist das, ein richtiger Witz.«

Jato band sich sein Schweißband ab und schwieg betroffen. Zu hundert Rupiah gab es nichts zu sagen.

»Und bei dir?«, fragte Tadaki. »Wie war's bei dir?«

Jato lächelte. »Besser als befürchtet und schlechter als erhofft.«

Tadaki sah zu den verschiedenfarbigen Limonadensorten hin. Wenn Jato lächelte, musste er einen guten Tag gehabt haben. Und tatsächlich, die meisten Flaschen waren nur noch zu einem Viertel gefüllt.

»Darf ich?«

Jato nickte nur. Es war schon fast eine Abmachung zwischen ihnen: Wenn Jato gut verkauft hatte, durfte Tadaki sich ein Glas Limonade einschenken. Und wenn er sehr gut verkauft hatte, bot er ihm dazu noch eine Zigarette an.

Jato hatte sehr gut verkauft. Als er sich eine Zigarette anzündete, hielt er auch Tadaki eine hin. Tadaki nahm sie, trank von der grünen Limonade, die er sich eingeschenkt hatte, und rauchte. Aber nun musste er schweigen. Wenn Jato rauchte, durfte man ihn nicht stören. Er genoss jeden Zug. Es sei schade, zu rauchen und dabei an etwas anderes zu denken, sagte er oft. Dann könne man die Zigarette ja gleich wegschmeißen.

Endlich hatte Jato seine Zigarette zu Ende geraucht. Mit spitzen Fingern drückte er die Glut aus und legte den Zigarettenrest in eine kleine Blechbüchse. Auch Tadaki drückte seine Zigarette aus und reichte Jato den Rest. Aus jeweils fünf Kippen drehte Jato sich eine neue Zigarette.

»Hast du was gehört?«, fragte Tadaki danach.

Hast du gehört, ob es irgendwo Arbeit gibt, bedeutete diese Frage. Eine Frage, die eigentlich gar keine war, weil Tadaki nicht damit rechnete, dass Jato jemals eine andere Antwort für ihn haben würde als das, was er immer sagte: »Arbeit? Wer sucht nicht alles Arbeit! Es gibt keine. Und gibt es sie doch, bekommen sie andere. So ist das immer. Wer in den Bergen lebt, hat es weit zum Meer.«

Doch an diesem Abend zögerte Jato mit der Antwort. »Ich weiß nicht«, begann er. »Vielleicht…«

Tadaki war sofort hellwach. Wenn Jato vielleicht sagte, musste er irgendwas gehört haben.

»Der Küchenjunge vom *Goldenen Shanghai*… er soll gestohlen haben.«

Tadaki sagte nichts, blickte Jato nur an und wartete. Er wusste, es hatte keinen Zweck zu drängen. Jato dachte auch beim Reden noch nach und das kostete Zeit.

»Wenn aber der Küchenjunge gestohlen hat, heißt das, dass Sun Yen ihn feuern wird… Und wenn er den Küchenjungen feuert, heißt das, dass er einen neuen braucht.«

Tadaki sprang auf. Er konnte nicht mehr hocken bleiben; seine Knie zitterten ja schon, so aufgeregt war er. »Soll ich hinlaufen?«

Jato dachte immer noch nach. »Sun Yen ist Chinese…«

Niemand arbeitete gern für Chinesen[*], Tadaki wusste das.

---

[*] Siehe Anhang

Aber wer keine andere Wahl hatte, tat es doch. »Und wenn Sun Yen ein Drache ist«, sagte er, »wenn er mich nimmt, arbeite ich für ihn.

Jato musste lachen. »Ein Drache ist er nicht, aber jähzornig soll er sein. – Doch lauf nur los, ich bleibe hier und warte auf Paitun. Wenn Jato versprach zu bleiben, bis Mutter kam, würde er es auch tun. Tadaki nahm Dopo von seiner Schulter und setzte ihn auf einen von Jatos Limonadenkästen. »Tut mir Leid, alter Mann! Das ist eine einmalige Gelegenheit. Vielleicht habe ich Glück.« Jato wurde wieder ernst. »Du musst hinten klopfen, hörst du! An der Küchentür. Lass dir nicht einfallen, das Restaurant zu betreten. Und schmier dir Fett ins Gesicht. Die Chinesen lieben es, wenn wir vor ihnen buckeln.«

Tadaki nickte nur noch, dann lief er los. Er lief schnell, die Dunkelheit störte ihn nicht. Er kannte jede Straßenecke, jede Abkürzung und alle Löcher in den Zäunen; er hätte mit geschlossenen Augen laufen können, niemand hätte ihn eingeholt.

Das Mondgesicht

Das *Goldene Shanghai* war das bekannteste China-Restaurant Jakartas. Obwohl es in der unschönen, armseligen und schmutzigen Vorstadt Kota lag, fuhren die Fremden aus den großen Hotels zum Abendessen dorthin. Es hieß, Sun Yens Restaurant sei sogar in Amerika bekannt. *Wenn Sie gut essen wollen, gehen Sie in Sun Yens Goldenes Shanghai,* lautete der Werbespruch. Sogar Fremde, die nie zuvor in Jakarta gewesen waren, hatten von Sun Yen gehört; Sun Yen war ein berühmter Mann, das wussten alle in Kota.

Tadaki hatte den Job bekommen. Er war der Erste gewesen, der sich vorstellte. Und er hatte Jatos Rat befolgt und sich »Fett ins Gesicht geschmiert«. Pfundweise. Den freundlichsten armen Jungen der Welt hatte er Sun Yen vorgespielt – und es hatte geklappt. Der schlanke Chinese im weißen Anzug hatte ihn lange Zeit nur wohlgefällig angeblickt und schließlich kurz genickt. Das Nicken hatte Tschang gegolten, Sun Yens dickem Küchenchef, und nichts anderes bedeutet als: »Probieren wir es mit ihm.

Nun war Tadaki schon seit über einer Woche Küchenjunge im *Goldenen Shanghai*. Ein großes Glück war ihm widerfahren. Aber er musste hart arbeiten dafür. Seine Arbeitszeit begann mittags um zwölf, um vierzehn Uhr öffnete das *Goldene Shanghai,* um Mitternacht schloss es. Er musste die Töpfe und Pfannen reinigen, das Geschirr abwaschen, Gemüse putzen und Fleisch schneiden. Und nachts, wenn das

Restaurant geschlossen hatte, musste er den Herd polieren und alle Tische und auch den Fußboden schrubben. Vor zwei Uhr morgens wurde er damit nicht fertig. Zum Schluss war er immer ganz allein in der Küche. Tschang kontrollierte seine Arbeit erst am nächsten Tag. Der dicke Küchenchef hatte keine Lust, so lange zu warten. Den Schlüssel aber durfte Tadaki nicht mitnehmen, den musste er im ersten Stock unter der Tür durchschieben. Tschang wohnte direkt über der Küche. Und über Tschang wohnte Li Schu, der Geschäftsführer.

Tadakis Verdienst war nicht sehr hoch, doch es war ein festes Einkommen. Und wenn er tüchtig war, konnte es mehr werden, hatte Sun Yen zu ihm gesagt.

Dopo blieb jetzt bei Zora. Das war ihre große Chance. Mit Dopo auf dem Kopf und seinem Bettelspruch würde sie vielleicht wieder mehr verdienen. Obwohl sie den Spruch nur herunterleierte.

No Mama, no Papa, no Television – dabei musste man lächeln, nicht verschreckt gucken. Er hatte es tausendmal mit ihr geübt, es hatte nichts genutzt; Zora würde nie eine gute Bettlerin werden. Aber jetzt war das nicht mehr so schlimm, jetzt hatte er ja ein festes Einkommen.

»Eh, du! Träum nicht.« Tschang hatte sich von hinten an Tadaki herangeschlichen und ihn dabei erwischt, wie er für einen Moment die Hände ruhen ließ. Schnell zerteilte Tadaki die Frösche etwas schneller. Linker Schenkel, rechter Schenkel, Rest auf den Haufen, linker Schenkel, rechter Schenkel, Rest auf den Haufen…

Tschang mochte ihn nicht. Wenn es nach Tschang gegangen wäre, hätte Sun Yen ihn nicht einstellen dürfen; Tschang hätte lieber einen chinesischen Küchenjungen gehabt. »Fünf Indonesier ersetzen keinen einzigen Chinesen«, sagte er oft. Aber natürlich hatte er Sun Yen nicht widersprochen. Nur in der Küche prahlte er herum. Da erzählte er, besitzen könne jeder, aber wirklich gut kochen nur wenige. Dass das *Goldene Shanghai* so gut lief und so berühmt war, hätte Sun Yen einzig und allein ihm zu verdanken. Sun Yen wisse das auch, darum sei er freundlich zu ihm; aber schließlich gehöre sich das ja auch so.

Tschang blieb neben Tadaki stehen und sah ihm auf die Hände. »Geht das nicht schneller? Willst du dich den ganzen Tag an den paar Fröschen festhalten? Wenn du nicht arbeiten willst, geh betteln. Nur wer tüchtig ist, kommt vorwärts.« Tadaki wurde noch schneller. Linker Schenkel, rechter Schenkel, Rest auf den Haufen, linker Schenkel, rechter Schenkel, Rest auf den Haufen… Er kannte Tschangs Sprüche nun schon. Es waren immer dieselben. Er durfte nicht widersprechen, durfte sich nicht mal was anmerken lassen, musste nicken, immer nur nicken.

Unwillig entfernte Tschang sich wieder. Aber er drehte sich noch einmal um. »Und denk dran, steck ja nichts ein. Wer stiehlt, dem geht es schlecht.«

Der Küchenjunge, der vorher für Tschang gearbeitet hatte, musste wirklich viel gestohlen haben. Warum sonst ermahnte Tschang ihn immer wieder, nur ja nichts zu stehlen?

Lange Zeit hatte Tadaki Tschangs Ermahnungen ängstlich beherzigt. Obwohl es ihm schwer gefallen war. Er bekam seinen Lohn ja nur wöchentlich, die täglichen Einnahmen fehlten sehr – besonders in der ersten Woche. Eines Tages aber hatte er bemerkt, wie der dicke Küchenchef sich zwei Hühner in die Schürzentaschen steckte. Und kurz darauf hatte er beobachtet, wie auch Li Schu, der Geschäftsführer, was mitgehen ließ. Das hatte ihn geärgert. Mutter und Zora hungerten und er durfte nichts mitnehmen. Diese beiden aber, die es nun wirklich nicht nötig hatten, stahlen fast jeden Tag etwas.

Von da an hatte er auch begonnen, Reste einzustecken. Zuerst nur zaghaft, dann immer mutiger. Zwar dachte er dabei an den Küchenjungen, der vor ihm im *Goldenen Shanghai* gearbeitet hatte, doch er glaubte nun längst nicht mehr daran, dass der Junge nur deshalb geflogen war. Es musste noch einen anderen Grund dafür geben, einen, den Tschang ihm sicher nie verraten würde.

Aber was Tschang kochte, das schmeckte. Mutter und Zora waren jedes Mal ganz begeistert von dem, was er ihnen mitbrachte.

Li Schu kam in die Küche. Tadaki bemühte sich, noch etwas schneller zu werden.

Li Schu wirkte immer sehr vornehm. Er trug einen schwarzen Smoking und ein weißes Hemd, und er tat nichts anderes, als die Gäste zu empfangen und die Kellner zu beaufsichtigen. In die Küche kam er nur, wenn es irgendeine Beschwerde gab oder weil er sich mit Tschang unterhalten wollte. Die beiden steckten oft zusammen; niemand anders erachteten sie für würdig genug, um mit ihnen zu reden oder zu scherzen.

Li Schu sah zu Tadaki hin und stellte sich neben Tschang. Der Koch ließ die Kelle in die Suppe gleiten und trat etwas näher an Li Schu heran, der nun auf Tadaki zeigte und Tschang irgendwas zuflüsterte.

Tadaki blickte schnell weg und arbeitete weiter. Linker Schenkel, rechter Schenkel, Rest auf den Haufen, linker Schenkel, rechter Schenkel, Rest auf den Haufen…

Im *Goldenen Shanghai* wurden täglich über tausend Froschschenkel verspeist. Das hieß, jeden Tag wurden sechshundert Frösche angeliefert, die er zerteilen musste. Froschschenkel waren Tschangs Spezialität, das Zerteilen aber war eine mühselige Arbeit.

Fertig! Tadaki schielte noch einmal zu Tschang und Li Schu hin, die weiter miteinander flüsterten, dann tat er die Schenkel in eine Schüssel, ging in den Hof und wusch sie. Danach legte er sie in ein Fass und schob einen schweren Deckel drüber, den er noch zusätzlich mit Steinen beschwerte, damit die Ratten nicht rankamen. Die Froschreste schüttete er in eine Ecke des Hofes. Hier lagen alle Abfälle. Nachts kamen dann die Ratten. Das durften sie auch. Tschang sagte: »Ratten gibt's immer. Dagegen kann man nichts machen. Wenn sie genügend Abfälle zum Fressen haben, werden sie sich nicht zu den guten Sachen durchfressen.«

Damit die Ratten sich nicht zu stark vermehrten, wurde von Zeit zu Zeit Gift unter den Abfall gemischt. Das gehörte auch zu Tadakis Aufgaben. An diesen Tagen musste er sich unter Tschangs Aufsicht gründlich die Hände waschen und durfte früher Feierabend machen. Vor mehreren Jahren soll einem Gast mal sehr übel geworden sein, und es hieß, schuld daran sei der Küchenjunge gewesen, der sich nicht ordentlich gewaschen habe und noch Gift an den Händen hatte. Seitdem war das so, dass der Küchenjunge, wenn er Gift ausgestreut hatte, nicht mehr weiterarbeiten durfte.

»Bist du endlich fertig?«

Tadaki fuhr herum. Tschang stand hinter ihm. Es war dunkel in dem engen Hof, das Mondlicht drang nicht herein.

»Ja«, sagte Tadaki und nahm den Deckel vom Fass, damit Tschang sehen konnte, was er geleistet hatte. Aber Tschang interessierte sich nicht dafür. »Los!«, sagte er. »Nimm was zum Aufwischen mit und melde dich bei Li Schu. Er hat zu tun für dich.«

Es war das erste Mal, dass Tadaki das Lokal betreten durfte. Er holte sich einen Eimer, gab Spülmittel hinein und heißes Wasser und warf zwei Lappen dazu.

Li Schu wartete schon. »Da, wisch das weg«, sagte er, ohne Tadaki anzusehen. Tadaki folgte dem Blick des Geschäfts-führers – und spürte ein Würgen im Hals. Er sollte eine La-che Erbrochenes aufwischen. Und neben dem Erbrochenen saß ein betrunkener Chinese mit einem Mondgesicht.

»Los, los. Das muss nicht mehr ziehen, das ist schon gar.« Li Schu zog die Lippen zu einem Lächeln hoch und auch der Mondgesichtige lächelte. Schnell kniete Tadaki sich vor dem betrunkenen Chinesen hin und versuchte vorsichtig, das Er-brochene mit dem Lappen aufzutupfen.

»Mach das mit den Händen in den Lappen. Wie lange soll das denn dauern?«, schimpfte Li Schu leise. Es waren Frem-de im Lokal, Ausländer, seine Stimme durfte nicht zu un-freundlich klingen. Was er sagte, verstanden die Fremden so-wieso nicht.

Tadaki schob das Zeug mit den Händen in den Lappen, rannte hinaus in den Hof und schüttelte den Lappen in der Abfallecke aus. Es quiekte. Das waren die Ratten… Er holte tief Luft, wusch den Lappen unter fließendem Wasser aus und lief ins Restaurant zurück.

Das Mondgesicht stand jetzt neben den Ausländern und redete auf sie ein. Tadaki verstand nichts, sie sprachen englisch miteinander. Er begriff nur, dass der Chinese mit ihnen trinken wollte und die Ausländer das ablehnten.

Der Mondgesichtige bekam schmale Augen. Er war beleidigt und fuchtelte mit den Armen herum. Dabei stieß er ein Reisschälchen um. Einer der Fremden, ein junger Mann mit blonden Haaren, stand auf und ging zu Li Schu, der die ganze Zeit so getan hatte, als fessele ein Fleck auf dem Ärmel seines Smokings seine ganze Aufmerksamkeit.

Tadaki wischte etwas langsamer. Es war eindeutig, der Fremde beschwerte sich bei Li Schu über das Mondgesicht. Und Li Schu hörte zu und verneigte sich dabei so unentwegt, als wäre der blonde Ausländer ein großer Chef, vor dem man Respekt haben musste. Oder war Li Schu zu allen Gästen so übertrieben höflich?

Als Li Schu sich genug verneigt hatte, ging der Fremde an seinen Platz zurück. Ein Kellner hatte inzwischen ein neues Reisschälchen gebracht und den Tisch gesäubert. Li Schu wartete, bis der blonde Mann wieder saß, dann näherte er sich vorsichtig dem Mondgesichtigen und sprach mit ihm. Doch es sah nicht so aus, als übermittelte er ihm eine Beschwerde. Er stand gebückt vor ihm und schielte demütig zu ihm hoch. Offensichtlich hatte er vor dem betrunkenen Chinesen noch mehr Respekt als vor dem Fremden.

Tadaki wurde wieder schneller, wischte noch einmal rundherum um den Tisch und ging mit seinem Eimer in die Küche zurück. Kurz darauf kam auch Li Schu in die Küche. Er war wieder ganz der Alte und machte sich vor Tschang über den Fremden lustig. »Dieser Amerikaner dachte, ich würde seinetwegen Tung Ho aus dem Lokal weisen«, sagte er und lachte. »Aber wie soll dieser Gelbhaarige auch wissen, wer bei uns die größten Rechnungen macht.«

Tadaki erschrak. Der Mondgesichtige war Tung Ho, der Betjakverleiher, für den auch Massari arbeitete? Dann war es kein Wunder, dass Li Schu vor dem Betrunkenen mehr Respekt hatte als vor dem Fremden. Tung Ho war ein mächtiger Mann in Kota. Er verlieh nicht nur Betjaks, auch eine Menge Taxi-Girls[*] arbeiteten für ihn. Außerdem hatte er seine Finger noch in vielerlei anderen Geschäften. Wenn er dir helfen *will, kann* Tung Ho dir helfen, hieß es. Deshalb standen vor seinem Büro immer viele Leute herum, die auf Arbeit warteten. Und den meisten von ihnen besorgte Tung Ho tatsächlich irgendwann einen Job.

Aber es gab noch einen anderen Grund, weshalb Tung Ho in Kota so berühmt war: Über ihn wurde eine Geschichte erzählt, ein richtiges Märchen.

Tung Ho sei früher nur ein armer Chinesenjunge gewesen, hieß es. Deshalb soll er eines Tages in den Wald gegangen sein, um dort vor Hunger zu sterben. Im Wald aber habe er Zo, den Waldmenschen, einen mächtigen Geist, der über Tiere und Menschen herrschte, getroffen. Tung Ho habe Zo von seiner Armut berichtet, und Zo habe ihm aus Mitleid einen Klumpen Gold geschenkt. Für den Klumpen Gold soll Tung Ho sich dann die ersten Betjaks gekauft und sie an all jene Fahrer vermietet haben, die sich kein eigenes Betjak leisten konnten… Jedes Kind in Kota kannte diese Geschichte. Die

[*] Jugendliche Prostituierte

Leute erzählten sie gern. Wie es weiterging, war aber garantiert kein Märchen, das hatten alle gesehen.

Kaum hatte Tung Ho mit seinen Betjaks das erste Geld verdient, hatte er auch schon eigene Betjakstandplätze eröffnet, um sie ebenfalls zu vermieten. Nur wer bezahlte, durfte an Tung Hos Standplätzen auf Kundschaft warten. Nicht lange und vor jedem größeren Geschäft, Kino oder Bahnhof gab es für Tung Hos Leute reservierte Standplätze. Aber auch Fahrer mit eigenen Betjaks durften dort auf Kundschaft warten – wenn sie Tung Ho eine Gebühr zahlten.

Und die Mädchen, die für Tung Ho arbeiteten, standen ebenfalls dort herum und warteten auf Kundschaft. Zwar nahm er ihnen dafür mehr als die Hälfte ihrer Einnahmen ab, aber die Kunden der Taxi-Girls wussten, wo sie die Mädchen treffen konnten, und kamen immer wieder. Also zahlten die Mädchen lieber, als irgendwo anders herumzustehen, wo sie nur selten einmal einen Kunden hatten.

Und diesem wichtigen Mann hatte er das Erbrochene fortgewischt? Tadaki konnte es kaum glauben. Wie oft hatte er an den armen Chinesenjungen gedacht, den Zo so reich gemacht hatte; wie oft hatte er sich gewünscht, dass es ihm ebenso erging. Ja, als ganz kleiner Junge hatte er manchmal stundenlang ins Dickicht gespäht und gehofft, auch mal den Waldmenschen zu treffen. Er hatte lange an diese Geschichte geglaubt und sich Tung Ho als schönen, schlanken und gutmütigen Mann vorgestellt. Später hatte er an der Geschichte gezweifelt, aber das Bild vom schönen, schlanken und gutmütigen Chinesen war geblieben.

Jetzt war das Bild aus seinen Kindertagen endgültig fortgewischt. Trotzdem: Eine Begegnung mit Tung Ho war etwas

Besonderes. Er musste Mutter davon erzählen. Und Zora. Auch Jato und Massari, wenn der Bruder wieder einmal vorbeikam. Auf die Begegnung mit Tung Ho durfte er fast ein wenig stolz sein.

Für eine Hand voll Reis

Es war kurz vor Mitternacht. In wenigen Minuten würde Li Schu das Restaurant schließen. Tadaki kniete auf dem Kachelfußboden und wischte die Küche auf. Er war jetzt schon seit einigen Wochen Küchenjunge im *Goldenen Shanghai,* wusste, was er zu tun hatte und was er nicht tun durfte. Tschang fand immer weniger Gründe, mit ihm zu schimpfen. Trotzdem wurde Tadaki nicht richtig froh. Mit Dopo war er sein eigener Herr gewesen, hier war er nur eine Art besserer Schmutzlappen. Alles Schmutzige musste er tun. Dennoch musste er zufrieden sein. Er sagte es sich immer wieder. Viele fanden überhaupt keine Arbeit. Und nun war auch noch Zora krank geworden. Es war ein Glück, dass er diese Arbeit hatte; gerade jetzt brauchte Zora etwas Richtiges zu essen.
Trotzdem: Wenn er auch mal was anderes tun dürfte, würde ihm die Arbeit in der Küche vielleicht sogar Spaß machen. Er schaute gerne zu, wenn Tschang eine Soße oder Suppe anrührte oder einer seiner Hilfsköche einen Nudelteig knetete. Natürlich musste er heimlich zusehen, während er irgendwas anderes tat. Einfach nur herumstehen, das würde Tschang nicht erlauben.
Ein seltsames Gefühl überkam Tadaki. Ihm war plötzlich, als stünde jemand hinter ihm. Er wollte sich umdrehen, doch gerade in diesem Moment spürte er einen Fuß im Rücken. Er fiel nach vorn und rutschte über den nassen Kachelfußboden.

»Das für deinen missratenen Bruder.« Li Schu stand über ihm und freute sich über die gelungene Überraschung. Aber das hämische Grinsen wich schnell wieder dem abweisenden Hochmut. »Sag ihm, er soll es sich nicht noch einmal einfallen lassen, im Restaurant nach dir zu fragen. Das *Goldene Shanghai* ist kein Obdachlosen-Asyl.«

Li Schu warf Tadaki noch einen mahnenden Blick zu, dann verließ er die Küche wieder.

Langsam stand Tadaki auf und wischte sich mit dem Lappen die Beine trocken. Chinesen sind Schleicher, sagen die Leute; wenn man sie hört, sind sie ungefährlich, wenn man sie nicht hört, ist es zu spät. Es war seine eigene Schuld, dass Li Schu ihn so überraschen konnte. Er hätte besser aufpassen müssen. Aber er war diese Art Scherze nun schon gewöhnt, sie machten ihm nicht mehr viel aus. Ob Tschang oder Li Schu, immer wieder ließen sie ihn spüren, dass er in ihren Augen nur ein Indonesier war. Sie hassten ihn, so wie viele Indonesier die Chinesen hassten. Das würde er nicht ändern können, darüber brauchte er gar nicht erst nachzudenken.

Aber warum hatte Massari im Restaurant nach ihm gefragt? Der Bruder wusste doch, dass er ihn bei der Arbeit nicht stören durfte. Schon gar nicht im Restaurant, wo all die gut angezogenen Gäste saßen. Massari musste etwas Wichtiges von ihm wollen. Sonst hätte er das nicht getan. Und vielleicht wartete er nun vor dem Restaurant auf ihn...

Vor Unruhe wischte Tadaki immer schneller und er hatte richtig vermutet. Als er nach der Arbeit die Straße betrat, kam Massari ihm schon entgegen. Doch er schwankte, hatte also getrunken.

Unwillkürlich machte Tadaki einen Schritt zurück.

Viele junge Männer tranken. Sie taten es aus Spaß am Trinken oder weil sie unglücklich waren; trinken war oft ihre einzige Freude. Aber sie wurden anders, wenn sie getrunken hatten – böser, lauter, fremder. Auch Massari; Massari vielleicht sogar ganz besonders.

»Ich hab auf dich gewartet.« Massari blieb vor Tadaki stehen und machte ein vorwurfsvolles Gesicht.

»Wie geht's dir?«, fragte Tadaki leise. »Warst du mal bei Mutter und Zora? Zora ist krank, sie…«

Massari antwortete nicht, schielte nur auf Tadakis ausgebeultes Hemd hinunter. »Hast du was zu essen?«

»Ja… aber das ist für Zora. Sie ist wirklich sehr krank…«

»Gib's mir.« Massari streckte die Hand aus. »Ich hab Hunger, hab den ganzen Tag noch nichts gegessen.«

»Aber warum denn? Du verdienst doch…« Tadaki zog das halbe Huhn aus dem Hemd, das er Zora mitbringen wollte. Wenn Massari in einer solchen Stimmung war, durfte man ihm nicht widersprechen.

Massari antwortete nicht, biss nur in das kalte Hühnerfleisch und kaute schnell. Dabei sah er Tadaki an. »Bist jetzt Küchenjunge, hab ich gehört. Wischst den Chinesen den Dreck weg. Feiner Job!«

Tadaki hatte keine Lust, Massari zu erklären, weshalb das Geschäft mit Dopo zum Schluss nicht mehr so richtig gelaufen war. Den Bruder interessierte das ja nicht wirklich. Er kam nur alle paar Wochen mal vorbei – und immer nur, wenn er was brauchte. Er schlief auch nicht mehr bei ihnen, legte sich, wo er gerade war, in sein Betjak. Jato nannte ihn einen Einzelgänger. Und er sagte, die Einzelgänger wollten es sich leicht machen. Wenn sie auf niemanden Rücksicht nahmen, glaubten sie, kämen sie besser zurecht. Aber das sei ein Irrtum. Wer an niemand anderes dachte, an den dachte auch niemand mehr.

»Li Schu hat gesagt, du hast im Restaurant nach mir gefragt. Stimmt das?«

»Na und? Darf ich das nicht? Bin ich kein Mensch?« Massaris Augen blitzten in der Dunkelheit. »Ist dieser Fratzenschneider Li Schu etwa mehr wert als ich?«

Niemand vom Personal durfte das Restaurant durch die Eingangstür betreten und natürlich auch deren Verwandte nicht. Massari wusste das. Wenn er es doch getan hatte, dann aus einer Wut heraus. Er bekam oft solche Wutanfälle. Er nannte das ausprobieren, was er wert war. Einmal hatte er sich zu jemandem ins Auto gesetzt und dem verblüfften Mann, der an der Ampel warten musste, erklärt, er habe sich den Fuß verstaucht. Ob er ihn nicht nach Hause fahren könne, es wären nur ein paar Straßen. Der Mann hatte ihn zwei Sekunden lang verdutzt angestarrt, dann war er ausgestiegen und hatte einem Polizisten gewinkt.

»Ich will dir was sagen, Daki.« Massari spuckte einen Hühnerknochen aus und legte die freie Hand auf Tadakis Schulter. »Ich mach jetzt Schluss, verstehst du? Ich schufte nicht mehr für eine Hand voll Reis. Ich hab's ein für alle Mal satt, nichts als ein Fußabtreter zu sein. Von jetzt an werde ich mein Leben ändern.«

Tadaki zog den Kopf weg. Massari stank nach Reisschnaps. Er musste viel getrunken haben.

»Was ist?« Massari war beleidigt. »Schämst du dich etwa für mich?«

Tadaki schüttelte stumm den Kopf. Er schämte sich nicht für

den Bruder. Im Gegenteil, er hatte Massari gern. Wenn er ihn auch oft nicht verstand, so waren da ja all die Erinnerungen an jene Zeit, als sie noch kleiner waren und er auf Massaris Schultern geritten war, mit ihm Lumpenball gespielt hatte oder schwimmen gegangen war. »Was willst du denn machen?«, fragte er leise.

Massari blickte sich erst nach allen Seiten um, dann legte er seinen Mund an Tadakis Ohr. »Hast du schon mal was von Bah Bolong gehört?«

Tadaki fuhr zurück. Natürlich hatte er schon von Bah Bolong gehört. Gehört hatte jeder von dem geheimnisvollen Anführer einer Bande von Jugendlichen, die in Geschäfte einbrach, Fremde ausplünderte und auch vor Mord nicht zurückschreckte. Nur gesehen hatte ihn noch niemand. Aber warum fragte Massari ihn das?

Massari sah sich noch einmal um. »Ich arbeite jetzt für Bah Bolong. Du darfst es niemandem sagen, hörst du? Niemandem! Ich vertrau's dir nur an, weil du mein Bruder bist.«

»Nicht!« Tadaki wusste nicht, was er sonst dazu sagen sollte. »Bitte, Massari – tu's nicht!«

Massari hielt Tadaki, der ein wenig zu laut gesprochen hatte, den Mund zu und zog ihn vom Restaurant fort. »Leise«, flüsterte er. »Die Wände haben Ohren.« Dann begann er zu schimpfen: »Was heißt, tu's nicht? Ich hab keine andere Chance. Oder denkst du, ich will in zehn Jahren aussehen wie Jato?« Er vergaß selber, dass er leise sprechen wollte, wurde immer lauter. »Ich lass mich nicht kaputtmachen! Ich strampel mich nicht zu Tode für die paar Rupiah. Ich nicht!« Er schwieg einige Zeit, dann flüsterte er wieder: »Wozu lebt man denn? Nur um zu hungern? Um jeden Tag auf den nächsten zu hoffen? Nein! Ich will endlich mal 'ne Chance bekommen. Verstehst du? Ich brauch ein Grundkapital. Hab ich erst ein Bankkonto, hab ich auch bald ein Geschäft.«

»Und wenn sie dich erwischen?«

»Dann haben sie mich eben am Arsch!« Massari zuckte die Achseln. »Im Gefängnis gibt's wenigstens jeden Tag was zu essen; da sorgt man für unsereinen.«

Wie Massari dachten viele. Tadaki wusste das. Und doch erschien ihm der Gedanke unfassbar, dass Massari – dass sein Bruder! – zu Bah Bolongs Bande gehören sollte. Als er noch kleiner war, hatte Mutter oft gedroht: »Wenn du nicht gehorchst, holen dich Bah Bolongs Leute.« Und wenn irgendwo in Kota ein Fremder mit einem Messer im Rücken gefunden wurde, hieß es: »Das war Bah Bolong.«

Die Polizei mochte noch so viele von den Jugendlichen schnappen, es stießen immer wieder neue zu Bah Bolong. Er musste inzwischen über fünfzig Jahre alt sein. Niemand wusste, wer er wirklich war, nicht einmal die, die für ihn arbeiteten...

»Tu's nicht, Massari – bitte!« Tadaki war stehen geblieben und sah den großen Bruder bittend an.

»Zu spät, Kleiner, zu spät!« Massari strich sich das Haar aus der Stirn und grinste verlegen.

»Aber warum denn?«

»Ich hab schon mitgemacht... Und du weißt ja, was mit Verrätern geschieht.«

Er hatte schon mitgemacht. Dann war es wirklich zu spät. Wer einmal für Bah Bolong gearbeitet hatte, gehörte für immer dazu. Einfach wieder austreten gab es nicht. Wer das versuchte, riskierte sein Leben.

»Mach dir keine Sorgen, Daki. Ich weiß schon, was ich tue.«
Massari wurde plötzlich wieder ernst. »Jetzt was anderes. Ich
brauche Geld.«

»Ich hab keins.« Die ganze Zeit schon hatte Tadaki befürchtet, dass Massari wegen Geld gekommen war. Er hatte richtig vermutet, aber er durfte ihm keins geben.

Massari stieß ungeduldig die Luft aus. »Du belügst mich?
Mich, deinen Bruder? Und das, wo ich dir mein Betjak geben will?«

»Ich hab wirklich kein Geld.« Tadaki versuchte, von Massari
wegzukommen. Doch der Bruder packte ihn mit beiden
Händen am Hemdkragen und sah ihm mit zusammengezogenen Augenbrauen ins Gesicht. »Ich weiß genau, dass heute
Zahltag war. Also spiel nicht den Tanzaffen, rück die Rupiah
raus – ich brauch sie.«

»Aber Zora ist krank.« Tadaki spürte, wie ihm die Tränen
kamen. »Wir müssen ihr Milch kaufen.«

»Ich will ja nicht alles. Ich lass euch was übrig.«

Tadaki schluckte die Tränen hinunter. Wenn Massari sein
Geld haben wollte, musste er es ihm stehlen. Freiwillig würde er ihm den Lohn nicht geben.

»Du willst nicht? Du willst deinen Bruder in der Klemme
stecken lassen?« Massari schlug zu. Einmal, zweimal und
noch einmal. Die Ohrfeigen waren so hart und wuchtig, dass
Tadakis Kopf hin und her flog. Erschrocken fingerte er das
Geld aus dem Hemd und reichte es Massari. Noch nie zuvor
hatte der Bruder ihn geschlagen; er musste das Geld wirklich nötig brauchen.

»Warum nicht gleich so? Wozu das ganze Theater? Denkst
du, es macht mir Spaß, dich zu schlagen – dich, meinen eige-

nen Bruder?« Massari zählte das Geld, gab Tadaki einen Schein zurück und steckte den Rest ein. »Ich schwöre dir, du bekommst es zurück. Bald schon. Und mehr als die paar Lappen hier.«

Tadaki schwieg. Sein Kopf schmerzte, ihm war heiß. Aber es waren nicht die Ohrfeigen, die ihn so glühen ließen, es war die Wut: Der Schein, den Massari ihm zurückgegeben hatte, reichte nicht für Milch. Und warum fragte Massari nicht wenigstens einmal nach der Schwester?

»Heulst du etwa?« Massari spielte den Beleidigten. »Das hätte ich nun wirklich nicht von dir gedacht. Noch dazu, wo ich dir morgen mein Betjak bringe. Meine Kaution bleibt bei Tung Ho, die Miete für diesen Monat ist auch schon bezahlt – für das Betjak und den Standplatz. Du brauchst nur noch aufzusteigen und loszufahren.«

Tadaki biss sich auf die Lippen. Dass Massari ihm das Betjak geben wollte, war wirklich eine große Sache. Der Bruder vergaß nur, dass er, Tadaki, es gewesen war, der das Geld für die Kaution und die ersten Mieten verdient hatte. Wenn Dopo und er damals nicht so viel eingenommen hätten, wäre Massari nie zu einem Betjak gekommen. Und dann dieser Widerspruch: Vorhin hatte Massari noch gesagt, dass er sich nicht länger abstrampeln wollte. Geschimpft hatte er auf das elende Leben der Betjakfahrer. Und nun tat er, als beschere er ihm das ewige Glück.

Massari ahnte, was in Tadaki vorging. Er zog ihn an sich und presste seine Stirn an Tadakis Kopf. »Daki! Brüderchen! Versteh mich doch. Ich brauch das Geld... Ich habe Schulden, böse Schulden... Wenn ich sie nicht heute Nacht zurückzahle...

Tadaki versuchte zurückzuweichen, ohne Massari aus den Augen zu lassen.

Massari grinste schief. »Ich hab ein bisschen Pech gehabt in der letzten Zeit... Aber nun wird alles gut, wart's nur ab. Bald ernähre ich euch. Dann kriegst du endlich mal 'ne anständige Hose auf den Hintern. Und auch Mutter kriegt was Schönes zum Anziehen, und Zora...« Seine Augen leuchteten plötzlich auf. »Und essen gehen wir dann, alle vier, und vielleicht sogar ins *Goldene Shanghai*. Gut angezogene Leute kann niemand rausschmeißen, auch dieser Li Schu nicht.«

Tadaki glaubte dem Bruder kein Wort, aber so war Massari eben. Niemand würde ihn noch ändern können und er schon gar nicht.

»Abgemacht?« Massari streckte Tadaki die Hand hin. Tadaki zögerte nur kurz, dann schlug er ein.

»Na, siehst du!« Massari lächelte und verabschiedete sich schnell. »Ich muss weg. Also, bis morgen. Mein Ehrenwort. Ich komme.«

Tadaki sah Massari noch einen Moment lang nach, dann ging er langsam weiter. In seinem Kopf überstürzte sich alles: Er – ein Betjakfahrer? Das hatte er sich immer gewünscht, aber er hatte nie zu hoffen gewagt, dass sein Wunsch einmal in Erfüllung gehen könnte. Die Kaution für Massaris Betjak aufzubringen, war schon schwer genug gewesen, zwei Kautionen hätten sie unmöglich zusammengebracht. Massaris Betjak aber war eines der schönsten in ganz Kota: rot mit vielen bunten Blumen drauf...

Und das *Goldene Shanghai*? Tadaki blieb stehen. Ins *Goldene Shanghai* brauchte er dann nicht mehr zu gehen, nie wieder… Er begann plötzlich zu laufen, lief, bis er nicht mehr konnte, dann wurde er wieder langsamer.

Er durfte sich nicht zu früh freuen, musste erst abwarten, ob Massari Wort hielt. Und vielleicht wäre es ja auch viel besser, der Bruder behielte das Betjak. Was Massari vorhatte, war viel zu schlimm, um sich freuen zu dürfen…

Njonja Hisa

Massari hielt Wort. Gleich am nächsten Morgen kam er und brachte Tadaki das Betjak. Es war nicht ganz sauber, musste gewaschen und geölt werden, aber es war in Ordnung. Tadaki polierte das Betjak, bis es glänzte wie ein Fluss im Sonnenschein, dann fuhr er zu Tung Hos Büro, um sich an Stelle von Massari in die Liste eintragen zu lassen. Ins *Goldene Shanghai* ging er nicht mehr. Sein letztes Geld hatte er bekommen, abmelden oder verabschieden wollte er sich nicht. Wozu auch? Keiner der Männer, die dort arbeiteten, hatte je ein gutes Wort für ihn übrig gehabt. Auch die Hilfsköche nicht. Schon aus Angst vor Tschang waren sie nicht allzu freundlich zu ihm gewesen.

Tung Hos Büro war in einem großen alten Haus untergebracht, das in einem Garten lag. Wenn Tadaki früher daran vorbeigekommen war, hatte er jedes Mal voller Ehrfurcht in die Toreinfahrt gespäht. Diesmal fuhr er mit seinem Betjak hindurch. Vor der Veranda zu Tung Hos Büro standen auch an diesem Tag eine Menge Leute herum: viele Männer, noch mehr Burschen und auch einige Mädchen. Fast alle rauchten sie und redeten laut durcheinander. Nur wenn die Bürotür geöffnet wurde, erstarb der Lärm. Dann sprangen alle wie auf ein Kommando auf. Ein alter, zerknitterter Chinese, der sich als Türsteher betätigte, rief die Namen auf. Und er nahm auch die Anmeldungen entgegen.

»Ich bin Tadaki – Massaris Bruder. Ich fahre jetzt sein Betjak«, meldete Tadaki sich bei dem Alten an. Der notierte sich das auf einem kleinen Notizblock und sagte gleichmütig: »Warte!« Dann verschwand er wieder.

Tadaki hockte sich zu den anderen und hörte zu. Er begriff bald: Alle, die hier warteten, versprachen sich etwas von Tung Ho – Arbeit, Unterstützung, Hilfe bei irgendwelchen Problemen. Die alte Geschichte: Wenn Tung Ho *will,* dann *kann* er helfen.

Es dauerte lange, bis der alte Chinese endlich auch Tadaki hereinwinkte. Gespannt stand Tadaki auf. Ob Tung Ho ihn wieder erkennen würde? Er war ja sehr betrunken gewesen, als er sein Erbrochenes aufwischen musste.

Doch der zerknitterte Chinese führte Tadaki nicht vor Tung Ho, sondern in einen großen Raum mit vielen Schreibtischen. Hinter den Schreibtischen saßen nur Chinesen – junge und alte, dicke und dünne; alle sehr fleißig. Tadaki wurde vor einen sehr schmalen Mann mit einer goldenen Uhr am Handgelenk geführt.

»Du bist Massaris Bruder?«, fragte der Schmale streng. Tadaki nickte nur.

»Und du übernimmst sein Betjak, zahlst die Miete dafür und die Standplatzgebühr?«

Tadaki konnte wieder nur nicken.

»Gut.« Der schmale Mann mit der goldenen Uhr trug etwas in eine Karteikarte ein. Danach nahm er einen Stadtplan hervor und zeigte Tadaki, wo er sich aufzustellen hatte – sehr weit im Süden der Stadt, ein ganzes Stück von Kota entfernt. Das hieß, er bekam nicht Massaris alten Standplatz in der City. Tadaki war enttäuscht. Aber er sagte nichts, sondern verließ das Büro, nachdem er informiert worden war, wann und wie er seine Zahlungen zu leisten hatte, genauso still, wie er gekommen war.

Und wie er es vermutet hatte, stellte sich schon bald heraus, dass der Betjakstand im Süden nicht viel taugte. Hier wohnten nur Europäer, Amerikaner oder andere reiche Leute. Die mieteten kein Betjak, die fuhren im eigenen Auto. Aber nur dort durfte Tadaki auf Kundschaft warten, nirgendwo sonst.

Sein eigener Herr hatte er werden wollen – und was war er geworden? Der Herr seiner eigenen Langeweile, der Herr mit den leeren Taschen. Massari hatte gesagt, er wolle nicht mehr für eine Hand voll Reis schuften – Tadaki hätte gern dafür geschuftet, wenn er nur die Gelegenheit dazu bekommen hätte.

Etwa zwanzig Betjaks gehörten zu diesem Standplatz, mehr als zwei oder drei waren nie unterwegs. Die meiste Zeit über lagen die Fahrer in ihren Sitzen, rauchten und unterhielten sich. Viele alte Männer waren darunter, die froh waren, nicht mehr so viel fahren zu müssen, und einige ganz junge Burschen wie Tadaki, die man ebenfalls dorthin abgeschoben hatte.

Auch einige Taxi-Girls trafen sich hier, Tung Hos Mädchen, die auf Kundschaft warteten. Die meisten waren noch sehr jung, viel jünger als Tadaki, aber sie taten so, als wüssten sie bereits alles, was man im Leben lernen konnte.

Am Anfang bewunderte Tadaki die Frechheit, mit der die Taxi-Girls fremde Männer ansprachen, am Ärmel zogen und umgirrten. Später schämte er sich oft für sie. Manche Mädchen waren sehr hartnäckig und machten eindeutige Gebärden, um den Männern, die vorüberkamen, zu zeigen, was sie alles für sie tun wurden – für nur ein paar Dollars oder Rupiah. Die Betjakfahrer, die den Annäherungsversuchen zusahen, hatten ihren Spaß daran, die meisten Fremden jedoch ließen sich auf nichts ein. Die Taxi-Girls, die auf der Straße herumstanden, waren ihnen nicht schön genug; in den Hotels fanden sie bessere.

Dennoch hatten die Mädchen mehr zu tun als die Betjakfahrer. Deshalb gaben sie sich ab und zu großzügig und spendierten den jüngeren Fahrern eine Zigarette. Und die Betjakfahrer brachten ihnen dafür manchmal Kunden mit.

Es war schlimm, dass Tadaki so wenig verdiente. Besonders wegen Zora. Es ging ihr von Tag zu Tag schlechter. Ganz heiß war sie, so, als brenne irgendein grausames Feuer in ihr. Sie konnten ihr nun nicht mal einen Milchreis kochen, seine Einnahmen reichten gerade für die Standgebühren und die Betjakmiete. Und Mutter und Zora konnten nicht mehr betteln gehen, Zora war dafür schon viel zu schwach.

Die Verzweiflung trieb Tadaki dazu, in der Innenstadt herumzuwildern. Er tat, als hätte er einen Kunden dorthin gebracht, und fuhr so lange planlos hin und her, bis ihn endlich jemand heranwinkte. Zu seinem Glück bemerkten die anderen Fahrer den Trick nicht; das Herumwildern in fremden Standgebieten galt als Verbrechen. Jeder Betjakfahrer war auf seine Kunden angewiesen. Wurde ein Wilderer erwischt, schlugen ihn die anderen Betjakfahrer zusammen und zertrümmerten sein Betjak. Das hielt die meisten vom Wildern ab. Das zertrümmerte Betjak mussten sie Tung Ho ja ersetzen – aber wovon, wenn sie keine Einnahmen mehr hatten?

Tadaki hatte jedes Mal furchtbare Angst, wenn er den anderen auf diese Weise ein paar Rupiah Einnahmen stahl. Aber wenn er nicht wilderte, bekam Zora gar nichts zu essen.

Eines Abends kam Tadaki mit leeren Händen heim – keinen einzigen Kunden hatte er gehabt. Auch das Wildern hatte nichts eingebracht. Mutter sah ihn nur an und seufzte. Und Zora lag still neben Madis Bambuszaun und blickte nicht mal auf, als er kam.

»Tut mir Leid«, sagte Tadaki und nahm Dopo auf den Arm, der schon auf ihn gewartet hatte. »Ich hab alles versucht. Es war einfach nichts zu machen.«

Mutter überlegte eine Weile, dann stand sie auf und sagte: »Ich werde Njonja[*] Hisa holen. Ich weiß nicht mehr, was ich sonst tun soll.«

Tadaki erschrak. Er mochte die alte Hisa nicht. Es hieß von ihr, sie könne gesundheilen; aber sie war es auch, zu der die Mütter oder Väter mit ihren Kindern gingen, um ihnen »die letzte Chance« zu geben. »Die letzte Chance« geben hieß, die Kinder verstümmeln zu lassen. Das war der einzige Ausweg, der manchen Familien blieb, wenn alles Betteln erfolglos gewesen war und die Töchter noch zu klein waren, um Taxi-Girls zu werden. Nur wer Mitleid erweckte, konnte hoffen, sich durch Betteln am Leben zu erhalten; ein Arm- oder Beinstumpf machte sich bezahlt. Wenn »die letzte Chance« nicht half, war auch die letzte Hoffnung dahin.

Hisa besorgte das. Hisa war die Frau, zu der man ging, wenn man keine andere Möglichkeit mehr sah. Deshalb wurde sie nur respektvoll Njonja Hisa genannt, und viele verehrten sie sogar als »gute Njonja von Kota«.

* Frau

42

Als kleiner Junge hatte Tadaki sich nicht vorstellen können, dass eine Familie noch ärmer sein konnte als sie. Doch dann hatte er eines Tages den ersten Hungertoten am Fluss liegen sehen – einen grauen Mann, dem man nicht mehr ansah, ob er jung oder alt war. Seitdem hatte er Verständnis für die Familien, die ihre Kinder zu Hisa brachten. Für Hisa aber hatte er kein Verständnis. Wie konnte sie nur so etwas tun? Die Mütter, die ihr die Kinder brachten, liefen fort, um nichts sehen oder hören zu müssen; Hisa vollbrachte es. Wie konnte sie dieses Leid mit ansehen? Woher nahm sie die Kraft? Oder machte es ihr gar nichts aus? Diese Frau erschien Tadaki unheimlich und Furcht einflößend. Misstrauisch sah er ihr entgegen, als Mutter die ewig torkelnde Alte zu Zora führte.

Hisa mixte nicht nur Kräutertees, sie brannte auch Schnaps. Und das meiste von dem Zeug trank sie selbst. Die Leute erzählten, sie mache das, um das Leid aushalten zu können, das ihr täglich begegnete. Ob das stimmte, wusste keiner, und Tadaki wurde sie dadurch nicht sympathischer.

Brabbelnd und schmatzend, wie es ihre Art war, beugte Hisa sich über Zora und untersuchte sie. Endlich richtete sie sich wieder auf. »Das ist das böse Fieber«, murmelte sie und warf Tadaki einen schnellen Blick zu. »Da brühe ich dir am besten einen Tee auf, Paitun. Den kann dein schlecht gelaunter Sohn dann bei mir abholen.«

»Und was willst du dafür haben, Hisa?«, fragte Mutter leise. »Wir...«

»Gut, gut, gut!« Njonja Hisa winkte ab. »Zahl mir zweihundert Rupiah, wenn du sie hast.« Damit torkelte sie wieder in die Dunkelheit hinein.

»Zweihundert Rupiah!«, schimpfte Tadaki. »Die Kräuter findet sie im Wald und auf der Wiese.«

»Aber sie muss sie erst suchen«, entschuldigte Mutter den hohen Preis. »Und sie muss sie kennen.« Und dann sagte sie wieder, was alle sagten: »Hisa ist eine gute Frau. Sie hilft, wo sie kann, und denkt nicht an sich.«

Tadaki widersprach nicht mehr. Und als es Zeit war, setzte er Dopo neben Zora ab und nahm einen der Pappbecher aus der Plastiktüte zwischen den Büschen, um damit zu Hisa zu gehen. Der Tee war ein Gebräu aus allerlei Pflanzen und Insekten. Er stank fürchterlich. Zora trank erst brav alles aus, dann krümmte sie sich und erbrach das stinkende Zeug wieder.

Wütend warf Tadaki den Becher zwischen die Bananenbäume. Dafür hatten sie nun zweihundert Rupiah Schulden bei Hisa – für nichts und wieder nichts.

Zora sah Tadaki mit ihren großen Augen lange an. Tadaki kannte ihn schon, diesen forschenden Blick; Zora sah ihn in letzter Zeit oft so an.

»Hast du mal wieder was von Massari gehört?«, fragte sie leise. Tadaki schüttelte nur stumm den Kopf. Seit der Bruder ihm das Betjak gebracht hatte, hatte er sich nicht wieder blicken lassen. Wie vom Erdboden verschwunden war er.

»Als er das letzte Mal hier war, hat er mir erzählt, dass er bald ganz viel Geld verdienen wird. Und dass wir dann alle reich sind, noch viel reicher als Tung Ho. Glaubst du das?«

»Na klar! Wenn er's gesagt hat.«

Die Schwester hing sehr an Massari. Er war der einzige Mann in der Familie. An Vater konnte sie sich nicht mehr erinnern. Und Jato war nur so eine Art Onkel für sie.

Zora überlegte einen Augenblick. »Meinst du, dass ich dann ein weißes Kleid bekomme? Er hat es mir versprochen.«

»Warum nur eins? Reiche Leute haben viele Kleider. Und nicht nur weiße auch rote, grüne, blaue und gelbe.«

»Ehrlich wahr?« Zora sah zu dem nachtdunklen Himmel hoch und dachte wieder nach. Dann fragte sie leise: »Wie viele Kleider haben solche Leute denn?«

Tadaki zuckte die Achseln. »Keine Ahnung! Auf jeden Fall eine ganze Menge.«

»Hundert?«

»Vielleicht.«

»Tausend?« Zora kannte noch keine Zahlen, nicht mal die Geldstücke, die sie erbettelte, konnte sie auseinander halten. Sie wusste nur, dass hundert viel und tausend sehr viel war.

»Nein. Tausend nicht. Aber hundert sind auch genug.« Tadaki musste lachen. Und weil Zora es hören wollte, malte er ihr aus, wie es ihr ergehen würde, wenn sie erst reich war.

»Schon früh morgens, wenn du das erste Mal isst, ziehst du dich hübsch an. Danach, zum Spazierengehen, wieder. Dann, zum Mittagessen – wieder ein neues Kleid. Am Nachmittag gehst du einkaufen. Also? Wieder ein neues Kleid. Dann spielst du im Garten, dafür brauchst du noch ein anderes. Zum Abendessen und auch nachts im Bett, jedes Mal ziehst du was Neues an.«

Zoras Augen waren beim Zuhören immer größer geworden. »So viele Kleider habe ich dann? Das sind ja doch mehr als tausend. Und wir essen schon früh am Morgen?«

»Dreimal am Tag und zwischendurch auch noch was.« Er wusste das von Massari. Und Jato hatte sogar gesagt, dass die Reichen manchmal nur aus Langeweile essen würden.

Zora war tief beeindruckt. Aber dann wurde sie auf einmal traurig. »Bitte, Daki! Sag Massari, er soll sich beeilen, ja? Es macht keinen Spaß, so lange arm zu sein.«

Tadaki versprach es ihr. Doch als er sich zu Mutter hockte, wurde ihm beklommen zu Mute: So, wie Mutter jetzt dasaß, so blicklos und stumm, hatte sie schon einmal dagesessen – damals, als Vater starb. »Soll ich Feuer machen?«, fragte er leise.

»Wozu?«

Sie hatte Recht, wenn sie nichts zu kochen hatten, war kein Feuer nötig. Still stand Tadaki auf und legte sich in sein Betjak. Aber nun konnte er an nichts anderes mehr denken als an jenen Abend, an dem Vater starb.

Es war ein ähnlicher Abend gewesen. Sie hatten alle großen Hunger gehabt und nicht darüber gesprochen, weil Vaters Krankheit wichtiger war. Jato hatte sich den ganzen Tag über um Vater gekümmert und ihnen von all den Krankenhäusern erzählt, in denen Vater hätte geheilt werden können, wenn sie nur das Geld dafür gehabt hätten.

Tadaki war damals noch sehr klein und hatte nicht alles verstanden, aber Massari war schon zwölf. Ungläubig hatte er Jato zugehört. Und als Vater gestorben war, hatte er stundenlang dagehockt, ohne sich zu rühren; hatte nicht geweint, hatte nur immer vor sich hin gestarrt.

Vater war ganz still gestorben. Mutter hatte es erst gemerkt, als er schon tot war. Aber sie hatte nicht geklagt; sie hatte schon lange vorher gewusst, dass er sterben würde. Sie hatte ihm nur stumm die Augen geschlossen und sich zu Massari gehockt. Und dann hatte sie dem Bruder Zora in die Arme gelegt, die damals noch ein Säugling war.

»Jetzt bist du für uns verantwortlich«, hatte das bedeutet. Massari hatte es sofort begriffen. Erschrocken hatte er Mutter Zora zurückgegeben, war aufgestanden und fortgelaufen.

Mutter hatte später immer gesagt, dass sie damals einen Fehler gemacht habe. Anstatt Massari aus seinem Schmerz zu reißen, hatte sie ihm jeden Mut genommen. Und um diesen Fehler nicht zu wiederholen, hatte sie Tadaki gegenüber nicht ein einziges Mal angedeutet, dass nun er für die Familie verantwortlich sei. Trotzdem wusste Tadaki, dass er es in ihren Augen doch war. Wenn jetzt auch noch Zora starb, hatte er die Schuld. Er hätte im *Goldenen Shanghai* bleiben sollen. Er hatte ein festes Einkommen aufgegeben. Und warum? Nur weil er frei sein wollte. Aber was war seine Freiheit wert, wenn sie dafür hungern mussten?

Mutter kam. »Schlaf jetzt. Es ist schon spät.«

Gehorsam legte Tadaki den Kopf zurück. Aber einschlafen konnte er nicht.

Vater! Er hatte schon so lange nicht mehr an ihn gedacht, jetzt sah er ihn wieder deutlich vor sich. Er wusste ja noch ganz genau, wie Vater ausgesehen, wie er geredet, wie er geblickt hatte. Er war ein schwächlicher Mann gewesen. Immer hatte er gehustet. Aber er hatte auch viel gelächelt und nie den Mut verloren. Und er hatte Massari und ihm oft Märchen erzählt. Eins handelte von dem Adler Garuda, der übers Land flog, um den Menschen zu helfen. Einem armen Bettlermädchen brachte er einen Topf Gold, einem kranken Jungen Gesundheit, einer alten Frau frische Jugend, einem bösen, alten Mann ein neues, gutes Herz.

Massari hatte diese Märchen früher sehr geliebt, jetzt fand

er sie dumm. »Vater war ein Spinner«, sagte er oft. »Ein Träumer! So einer schafft es nie…

Unruhig drehte Tadaki sich im Betjak herum, der Sitz quietschte. Massari hatte Recht, Vater hatte es nicht »geschafft«. Und er, Tadaki? Alle sagten, dass er Vater ähnlich sei…

»Daki?«

Mutter stand neben dem Betjak und sah ihm ins Gesicht.

»Was ist?«

»Du schläfst ja immer noch nicht. Das ist nicht gut. Wer nichts isst, muss wenigstens schlafen.«

»Gleich!«, flüsterte Tadaki, aber er war nun so wach, dass er befürchtete, die ganze Nacht nicht schlafen zu können.

Enge Gassen

Erst als schon der Morgen graute, schlief Tadaki doch noch ein. Aber mit dem ersten Sonnenstrahl war er wieder wach und hockte sich zu Mutter, die immer noch neben Zora saß. »Wie geht's ihr?«, fragte er, während er Zoras bleiches Gesicht betrachtete. Die Schwester lag da, als wäre sie nur eine Puppe. Nichts deutete darauf hin, dass sie schlief, so flach ging ihr Atem.

»Ich weiß nicht.« Mutter seufzte. Und dann sah sie Tadaki bittend an. »Sieh zu, dass du heute was mitbringst. Und guck auch in die Ecken.«

»Guck auch in die Ecken« bedeutete, dass er in die Papierkörbe und Mülltonnen schauen sollte. Manchmal fanden sie darin noch irgendwelche brauchbaren Abfälle.

Er versprach ihr das. Aber alles, was er an diesem Tag fand, waren eine verfaulte Banane und zwei noch zu einem Viertel gefüllte Joghurtbecher. Er ließ sie liegen. Das brachte auch keine Rettung.

Dafür wilderte er umso öfter in der Innenstadt herum und hatte am späten Abend endlich Glück: Ein freundlicher weißbärtiger alter Mann gab ihm zum Fahrpreis ein großzügiges Trinkgeld.

Tadaki bedankte sich höflich und fuhr gleich zum Block M, dem nächstgelegenen Einkaufszentrum. Er kaufte Milch und Reis und raste in Richtung Kota davon. Er schnitt Autos, Busse und andere Betjakfahrer, übersah rote Ampeln und beinahe auch einen Fußgänger und kam völlig abgehetzt vor Madis Bambuszaun an.

Zora lag noch so da, wie er sie am Morgen verlassen hatte. Mutter saß neben ihr und starrte ihr unverwandt ins Gesicht.

»Ich hab Milch mitgebracht«, flüsterte Tadaki.

Ohne ein Wort zu sagen, nahm Mutter die Milch und den Reis und entfachte ein Feuer. Tadaki hockte sich neben Zora und legte ihr die Hand auf die Stirn. Sie war noch heißer als am Abend zuvor, ihr Gesicht war dunkelrot, und hin und wieder zuckte sie mit den Armen.

Als der Milchreis fertig war, versuchte Mutter, Zora etwas davon einzuflößen. Doch Zora öffnete nicht den Mund, und wenn Mutter ihr den Löffel mit Gewalt zwischen die Zähne schob, quoll alles wieder heraus.

Schließlich reichte Mutter Tadaki den Reis. »Iss du ihn«, sagte sie. »Es ist schade drum.«

Tadaki spürte, wie ihm die Tränen kamen. Aber er aß von dem Reis. Doch obwohl er Hunger hatte, schmeckte es ihm nicht; ihm war, als ob er Zora etwas stahl.

Gegen Abend entkrampfte Zora sich plötzlich. Sie wurde ganz ruhig und lächelte still vor sich hin. Tadaki wusste nicht, wie er sich verhalten sollte. Zora sah so glücklich aus, ging es ihr wieder besser? Dann erschrak er: Dieses Lächeln war wie Eis, es veränderte sich nicht... Er sprang auf und rief Mutter.

Mutter kam, legte Zora die Hand auf die Stirn – und zog sie erschrocken zurück.

»Ist sie... tot?«, fragte Tadaki. Aber er kannte die Antwort schon: Zoras Gesicht, vorhin so rot und erhitzt, war nun ganz weiß – und ihre Stirn war kalt, sonst hätte Mutter die Hand nicht so erschrocken zurückgezogen.

In einer plötzlichen Aufwallung begann Mutter, Zora zu ohrfeigen. Erst nur vorsichtig, dann immer härter. Und als auch das nicht half, lief sie zum Feuer und nahm ein Stück Holz aus der Glut, um es Zora an die nackten Füße zu halten. Aber auch das brachte Zora nicht wieder zu sich. Irgendwann gab Mutter auf und strich Zora nur noch das Haar aus der Stirn. »Sie ist so schön«, flüsterte sie dabei, »schön wie der erste Tag nach der Regenzeit.«

Tadaki nickte stumm. Er verspürte eine tiefe Müdigkeit in sich; ein Gefühl, als wäre ihm auf einmal alles egal. Er konnte nicht weinen und er schämte sich dafür. Erging es ihm denn jetzt genauso wie Massari bei Vaters Tod?

»Vielleicht… vielleicht hat sie's nun besser«, murmelte Mutter vor sich hin. »Vielleicht war all ihr Leid ja nicht umsonst…

Das sagte sie immer, wenn sie sich trösten wollte. Das hatte sie auch gesagt, als Vater starb. Sie glaubte an etwas Großes, das über allem anderen stand, an einen Gott, der alles Elend wieder gutmachte.

Zum ersten Mal in seinem Leben versuchte Tadaki, seine Mutter wie eine Fremde zu betrachten. Was er sah, erschreckte ihn: Sie war alt, viel älter, als er je bemerkt hatte. Ihr Gesicht war voller Falten und ihre Augen waren stumpf. Das Schlimmste aber war die Mutlosigkeit in ihrem Gesicht.

»Ich hole Jato«, sagte er leise. »Jato weiß, wo wir uns Schaufeln leihen können.«

Mutter nickte nur. Dann stand sie auf, ging zu ihrem Reis zurück und legte den Deckel auf den Topf.

Jato war noch unterwegs. Als Tadaki ihn endlich gefunden hatte, brauchte er nicht viel zu erzählen, Jato konnte sich denken, weshalb er ihn gesucht hatte. Er stellte seine Limonadenkästen in den Kundensitz, legte das Bambusrohr schräg über das Betjak und ließ sich von Tadaki zu seinem Schwager fahren, der ihnen Schaufeln leihen würde.

Noch in derselben Nacht beerdigten sie Zora. Weit draußen in dem Wäldchen, in dem Jato auch Vater beerdigt hatte. Einen Platz auf dem Friedhof hätten sie nicht bezahlen können; und wer im Armengrab lag, den konnte man nicht mehr besuchen.

Jato hatte Zora auch sehr gern gehabt. »Meine kleine Ameise«, hatte er sie immer genannt. Er war sehr traurig und sprach lange kein Wort zu Tadaki. Erst als sie ihre Arbeit beendet hatten, stützte er sich auf seine Schaufel und sah den kleinen Ginsterbusch an, den Tadaki auf Zoras Grab gepflanzt hatte, damit er es später wieder fand.

»Ihr hat zu viel gefehlt«, sagte er leise. »Der Tod hatte leichtes Spiel mit ihrem schwachen Körper.«

»Ich hab zu wenig verdient«, flüsterte Tadaki beschämt. Er sagte es mehr zu sich selbst als zu Jato. Aber Jato hatte es gehört. »Ja«, sagte er. »In Zoras Alter brauchen Kinder vieles, um am Leben zu bleiben.« Er sagte das weder traurig noch vorwurfsvoll. Es klang wie eine ganz normale Feststellung. So, als hätte er gesagt: »Der Mond scheint heute heller als sonst, nimm dich vor Schlangen in Acht.«

Jato kam noch mal mit zu Mutter. Doch er versuchte nicht, sie zu trösten. Er wollte nur bei ihr sein.

Tadaki setzte sich nicht mit ans Feuer. Er legte sich ins Betjak und sah zu den Hochhäusern hin. Dort brannten nur noch wenige Lichter, die meisten Mieter schliefen längst. Und natürlich lagen sie in ihren Betten und waren satt, weil sie vorher noch zu Abend gegessen hatten… Und wenn einer krank wurde, holten sie den Arzt… Mutter sagte immer: Wer nicht arm ist, der ist reich. Das war einer ihrer Lieblingssprüche. Aber er stimmte: Wer eine Wohnung hatte, wer zu essen hatte, wer einen Arzt bezahlen konnte, der war reich… Wie so oft in der letzten Zeit schlief Tadaki auch in dieser Nacht erst spät ein. Und als er endlich schlief, quälten ihn böse Träume. Er sah graue Menschen durch schmale Gassen hetzen, sah sie fliehen und floh mit. Er wusste nicht, wohin, wusste nur, dass er mitmusste, immer weiter, immer schneller. Und die Menschen wurden immer mehr und die Gassen immer enger.

Oft schreckte er auf und sah zu Mutter und Jato hin, die noch immer am Feuer saßen und schwiegen. Dann schlief er wieder ein. Aber die Träume kamen wieder, wurden immer böser, immer quälender. Und so fürchtete er sich schließlich vor dem Einschlafen und blieb wach, bis endlich der Morgen graute.

Die an den Tischen

Tadaki hatte gedacht, dass Zoras Tod sein Leben verändern würde. Schon bald merkte er, dass das Leben weiterging wie bisher. Zwar fehlte ihm die Schwester – besonders in den Abendstunden, wenn er mit der Mutter allein war, oder kurz vorm Einschlafen, wenn es ihm seltsam still erschien ohne Zora –, aber sonst änderte sich nichts. Wie vor Zoras Tod fuhr er morgens mit dem Betjak zum Standplatz, wie an all den Tagen zuvor wilderte er, wenn er zu wenige Fahrten bekam, in der Innenstadt. Auf die Dauer ließ sich der Hunger durch nichts unterdrücken.

Mutter nahm ebenfalls wieder ihr gewohntes Leben auf. Jeden Morgen setzte sie sich Dopo auf die Schulter und zog mit ihren kleinen, trippelnden Schritten in die Innenstadt, um etwas zu erbetteln.

Jato hatte gesagt, das Leben gehe weiter. Er hatte Recht, aber es fiel ihnen jetzt noch schwerer, die nötigen Rupiah zusammenzubekommen. Mutter und Dopo verdienten ja noch weniger, als Zora mit Dopo eingenommen hatte. Dabei hatte sich Tadaki extra für sie einen neuen Bettelspruch ausgedacht, wieder einen, der lustig klang: »Mein Äffchen hat Hunger. Wenn ihr mir was gebt, geb ich ihm was ab.« Doch Mutter brachte es nicht fertig, beim Aufsagen des Spruchs zu lächeln, und so wirkten ihre Worte nicht komisch, sondern verzweifelt. Niemand lachte, niemand griff nach seinem Portemonnaie. Mutter ließ es bald sein, den Spruch herzusagen, streckte nur die Hand aus und Dopo sein Pfötchen. Und wenn sie Glück hatten, legte ihnen ein- oder zweimal am Tag jemand eine Münze hinein.

Es war derselbe Kampf ums Überleben wie zuvor. Immer wenn Tadaki auf seinem Betjak saß und nichts zu tun hatte, überlegte er, was er tun könnte, um Mutter und sich besser zu ernähren. Der Gedanke an die Aasgeier bei den Müllhalden kam ihm wieder. Aber er verwarf ihn. Und ins *Goldene Shanghai* konnte er nicht zurück. Dort gab es längst einen neuen Küchenjungen; vielleicht sogar einen viel besseren, als er es gewesen war.

Nein, nun war er Betjakfahrer und musste es bleiben. Und das würde gehen, wenn er einen günstigeren Standplatz bekam. Er sah ja, wie leer die Standplätze in der Innenstadt manchmal waren. Oft warteten dort nur zwei Betjaks, weil alle anderen unterwegs waren. Dort würde er genug verdienen.

Immer öfter dachte Tadaki an einen anderen Standplatz. Und darum wünschte er sich nichts sehnlicher, als endlich Massari wieder zu treffen. Der Bruder war doch bekannt in Tung Hos Büro. Vielleicht konnte er ihm helfen, einen besseren Standplatz zu bekommen. Massari wusste ja gar nicht, was für einen schlechten Platz man ihm zugeteilt hatte.

Doch Massari ließ sich nicht blicken. Weder kam er zu Madis Bambuszaun, noch traf Tadaki ihn in der Stadt. Und alle, die Massari kannten, hatten ihn schon seit Wochen nicht mehr gesehen.

Trotzdem gab Tadaki nicht auf. Massari war seine einzige Hoffnung. Immer wieder fragte er herum, immer wieder fuhr er suchend durch die Stadt, und dann hatte er tatsächlich Glück: Eines der Taxi-Girls, die an seinem Standplatz auf Kundschaft warteten, hatte Massari gesehen – und zwar an der Alten Brücke in Kota. Das Mädchen stammte auch aus Kota und kannte den Bruder.

Tadaki wusste erst nicht, ob er ihr glauben durfte. Wenn Massari in Kota gesehen worden war, weshalb war er nicht bei ihnen vorbeigekommen? Er hatte ihm doch gesagt, wie schlimm es um Zora stand. Warum hatte er sie nicht ein einziges Mal besucht? Doch das Taxi-Girl sagte, sie irre sich nicht. Einen weißen Hut habe Massari getragen, und lange europäische Zigaretten habe er geraucht.

Die Alte Brücke lag im Zentrum von Kota, Tadaki war an diesem Tag schon ein paar Mal daran vorbeigekommen. Nun fuhr er wieder dorthin, ohne Kundschaft, nur um Massari zu suchen. Doch es war schwer, an der Alten Brücke jemanden zu finden, selbst wenn dieser Jemand einen weißen Hut trug und der eigene Bruder war. Die Straßen waren so voller Menschen, dass er mit dem Betjak kaum durchkam. Aber Tadaki hatte noch einmal Glück, unwahrscheinliches Glück! Er war noch keine halbe Stunde herumgekurvt, als ihm jemand von der Seite her einen Klaps gab – Massari.

»Na, Daki, wie geht's Geschäft?« Der große Bruder grinste. Er trug tatsächlich einen weißen Hut, und auch die helle Hose und das blütenweiße Hemd verrieten seinen neuen Wohlstand. Die lange europäische Zigarette, von der das Mädchen erzählt hatte, hing lässig im Mundwinkel. Sie verbreitete einen angenehm aromatischen und leicht süßlichen Duft.

Massari bemerkte Tadakis erstaunten Blick und lachte zufrieden.

»Massari, du musst mir helfen!« Tadaki stieg vom Betjak und schob es in eine Nische zwischen zwei Reklamewänden.

»Lass hören, Kleiner.« Gönnerhaft setzte Massari sich in den Kundensitz und bot Tadaki, der sich aufs Fußbrett hockte, eine von seinen Long Size an.

Tadaki zündete sich die Zigarette mit Massaris Feuerzeug an, nahm ein paar tiefe Züge und begann, von seinem Standplatz zu erzählen. »An manchen Tagen habe ich nur einen einzigen Kunden. Ich schaff es kaum, die Miete zu bezahlen. Und die Standplatzgebühr erst recht nicht.«

Massari nickte. »Das ist immer so, die Neuen kriegen die schlechtesten Standplätze. Aber du hast Glück: Dein Bruder hat Beziehungen. Ich helfe dir.«

»Und was ist mit meinem Geld?« Tadaki hatte nicht vorgehabt, den Bruder an seine Schulden zu erinnern. Aber nun, da er sah, wie gut Massari gekleidet war und was für teure Zigaretten er rauchte, konnte er es sich nicht verkneifen.

»Denkst du, das hab ich vergessen?« Massari griff in seine Gesäßtasche, machte ein geheimnisvolles Gesicht – und hielt Tadaki einen Packen Geldscheine unter die Nase.

Tadaki riss die Augen auf. So viel Geld auf einen Haufen hatte er noch nie gesehen. Und es waren große Scheine, keine kleinen.

Massari grinste, nahm ein paar Scheine und schob sie Tadaki in die Hemdtasche. »Hier! Das sind die Schulden, die ich bei dir habe.« Und dann zählte er noch ein paar Scheine ab und steckte sie dazu. »Und das ist für euch drei. Kauft euch was Schönes dafür.«

Tadaki senkte den Kopf. »Für uns zwei... Zora...« Er sprach nicht weiter.

»Verflucht!« Massari sprang auf und warf seine Zigarette weg. Dann schob er die Hände in die Taschen und sah Tadaki beschämt an. »Ich wollte früher kommen… Es ging nicht… Ich war nicht hier, ich war in Bogor…«

Er erschrak, packte Tadaki am Arm und zog ihn zu sich hoch. »Das hätte ich dir nicht sagen dürfen. Vergiss es! Hörst du? Niemand darf wissen, dass ich in Bogor war.«

»Ich sag ja nichts.« Tadaki machte sich los. In seiner Angst hatte Massari zu fest zugepackt, der Arm schmerzte.

»Es ist wichtig«, sagte Massari beschwörend. »Du darfst es niemandem erzählen.«

Tadaki konnte sich denken, weshalb es wichtig war. Aus Bogor waren in den letzten Monaten mehrere Einbrüche gemeldet worden. Es soll in den Zeitungen gestanden haben. Ein Betjakfahrer, der lesen konnte, hatte es erzählt. Wenn Bah Bolong erfuhr, dass Massari herumschwatzte, würde er kurzen Prozess mit ihm machen. Es bestand kein Zweifel daran, dass es seine Bande war, die hinter den Einbrüchen steckte.

»Und wo lebst du jetzt?«, fragte Tadaki nur noch.

»Mal hier und mal da.« Massari setzte sich aufs Fußbrett und zündete sich eine neue Zigarette an. »Zur Zeit nicht weit von hier, bei einem Freund.« Dann hob er plötzlich den Kopf und sah Tadaki bittend an. »Das mit Zora, das tut mir Leid. Wirklich! Wenn ich's gewusst hätte, wäre ich gekommen. Das musst du mir glauben.«

Tadaki wandte sich ab. »Macht sie denn Spaß, deine neue Arbeit?«

Massari antwortete nicht gleich. »Nein«, sagte er dann. »Spaß macht sie nicht. Vor allem eins stinkt mir: Wir machen die Dreckarbeit und andere kassieren. Wir riskieren den Kopf und sie warten nur, bis sie zu Tisch gebeten werden.«

»Aber du verdienst doch gut.«

»Ja«, gab Massari zu, »der Verdienst ist gut. Aber nicht gut genug, verstehst du? Nicht gut genug für das, was wir machen. Die an der gedeckten Tafel, das sind die wahren Großverdiener. Die riskieren nichts, die stecken nur ein und prassen.«

»Wer sind denn diese anderen?«

»Willst du mich ausfragen?« Massari wurde misstrauisch.

»Wozu denn?« Tadaki zuckte die Achseln. »Du hast mir doch erzählt, dass du für Bah Bolong arbeitest.«

Massari blickte sich aufmerksam um, um sich zu vergewissern, dass ihnen auch niemand zuhörte, dann flüsterte er: »Ja, das hab ich dir erzählt. Ich weiß auch nicht, warum. Immer wenn ich dich treffe, komme ich ins Quatschen. Ich hoffe nur, dass du mich nicht verpfeifst – sonst hast du mal einen Bruder gehabt! Und diese anderen – da gibt es mehrere. Bah Bolong ist ja nur der oberste Chef, den bekommen wir gar nicht zu sehen. Die anderen sind es, die uns die Aufträge geben und bezahlen. Aber was sie zahlen, ist gegen das, was wir ranschaffen, der reine Hohn. Und das geht nur, weil wir uns das gefallen lassen.«

»Dann hör doch auf damit«, bat Tadaki, der wieder Angst bekam. »Versteck dich irgendwo. Sie werden dich schon nicht finden.«

»Und wovon soll ich leben?«

»Du kriegst das Betjak zurück.«

Massari winkte ab. »Nicht verhungern müssen ist mir zu wenig. Es gibt noch andere Möglichkeiten, man muss nur wissen, welche.«

»Und welche sind das?«

Massari schüttelte den Kopf. »Jetzt reicht's, Brüderchen! Ich hab da so einen gewissen Plan, der erscheint mir nicht dumm. Wenn er klappt, werde ich dir später mal erzählen, wie sich dein cleverer Bruder aus dem Dreck gewühlt hat. Jetzt ist's dafür noch ein bisschen zu früh.«

Tadaki schwieg. Was Massari gesagt hatte, gefiel ihm nicht. Aber mehr würde der Bruder ihm nicht verraten; und er wusste ja auch gar nicht, ob Massari nicht nur angab.

Massari wurde plötzlich unruhig. Er stand auf, warf den Zigarettenrest weg und sah Tadaki lange an. »Du bist doch mein Bruder, Daki, oder?«

Tadaki nickte.

»Wenn's mal ganz schlimm kommt – hältst du dann zu mir?«

Wieder nickte Tadaki nur.

»Egal, was passiert?«

»Ja.« Nun wurde auch Tadaki unruhig. Was sollten diese Fragen?

»Gut.« Massari war zufrieden. »Vielleicht hast du schon bald Gelegenheit, mir das zu beweisen. Dein Schaden wird es bestimmt nicht sein.«

»Und mein neuer Standplatz?«, erinnerte Tadaki den Bruder.

»Der ist dir so gut wie sicher«, versprach Massari. »Aber ein paar Tage wird's schon dauern. Ich muss ja erst die richtigen Leute sprechen.« Er grinste Tadaki noch einmal an, drückte ihm ein Päckchen Zigaretten in die Hand und verschwand im Gewühl der Autos, Betjaks und Passanten.

Der Bruder hatte nicht zu viel versprochen. Nur wenige Tage später kam ein Betjakfahrer zu Tadaki und richtete ihm aus, dass er in Tung Hos Büro kommen solle. Und kaum war Tadaki dort angelangt, wurde er von dem schmalen Chinesen mit der goldenen Armbanduhr an allen Wartenden vorbei in einen großen Raum geführt.

Dieser Raum war sehr schön eingerichtet. An den Wänden hingen chinesische Papierbilder, in den Schränken stand chinesisches Porzellan und eine Klimaanlage sorgte für angenehm kühle Luft. Hinter dem großen, wuchtigen und mit vielen chinesischen Schnitzereien verzierten Schreibtisch saß ein Mann und las in einem der vielen Papiere, die vor ihm lagen. Links und rechts auf dem Schreibtisch stand je ein Telefon.

Der Schmale blieb vor dem Schreibtisch stehen und wartete, bis der Mann hinter dem Schreibtisch zu Ende gelesen hatte, dann flüsterte er mit ihm. Der Mann hinter dem Schreibtisch hob den Kopf und sah Tadaki an.

Er war es! Es war das Mondgesicht aus dem *Goldenen Shanghai* – Tung Ho persönlich. Ob der Mann hinter dem Schreibtisch ihn auch wieder erkannte? Tadaki senkte den Kopf. Aber als Tung Hos Blick sich nicht veränderte, sondern weiterhin mehr gleichgültig als interessiert auf ihm ruhte, begriff er, dass der Mann sich nicht an ihn erinnerte. Wie sollte er auch? Wer war er denn, dass ein so mächtiger Mann sich sein Gesicht merkte?

»Du bist also Massaris Bruder?« Tung Hos Stimme klang sehr dünn, so als langweile ihn dieses Gespräch von vornherein.

Tadaki nickte stumm.

»Und du willst einen besseren Standplatz haben?« Tadaki
nickte wieder.

»Und dein Bruder?«, fragte Tung Ho etwas interessierter.

»Er war ein tüchtiger Betjakfahrer. Es hat mich sehr ge-
schmerzt, als er das Fahren aufgab. Was macht er denn
jetzt?«

»Ich weiß nicht«, log Tadaki.

»Ja, hast du denn nicht mit ihm gesprochen?«

»Doch.« Dass er mit Massari gesprochen hatte, wusste Tung
Ho ja. »Aber er hat mir nicht gesagt, was er jetzt macht… Er
hat nur gesagt, dass es ihm gut geht…«

»Jaa! Tüchtigen Leuten geht es immer gut.« Tung Ho lehnte
sich weit in seinen Sessel zurück. »Was dein Bruder jetzt
auch macht – das Fleißigsein hat er bei mir gelernt. Wer für
mich arbeitet, macht eine gute Schule durch.« Tadaki musste
an die Geschichte vom Waldmenschen denken, der den armen Knaben Tung reich gemacht haben sollte. Wusste Tung
Ho, was die Leute über ihn erzählten?

»Also gut!« Tung Ho nickte gnädig. »Du bekommst einen
neuen Standplatz – direkt in der City. Zufrieden?«

»Ja. Danke sehr. Vielen Dank.« Beinahe hätte Tadaki sich
verneigt.

»Ja, ja. Geh schon, geh schon.« Tung Ho nahm seine Papiere
wieder auf und sah Tadaki nicht mehr an.

Tadaki verabschiedete sich höflich und verließ schnell den
Raum. »Da hast du aber Glück gehabt«, sagte der schmale
Chinese, als er wieder hinter seinem Schreibtisch saß, und
strahlte Tadaki an, als habe er die nun folgende Nachricht
nur ihm zu verdanken. »Weißt du, wo du dich ab morgen
aufstellen darfst?«

Tadaki schüttelte den Kopf.

»Am *Sarinah*.«

Am *Sarinah*? Er sollte sich am *Sarinah* aufstellen dürfen? Tadaki dachte, er hätte sich verhört. Das *Sarinah* war das größte Warenhaus der Stadt, alle Betjakfahrer schwärmten von diesem Standplatz. Keine drei Minuten müsse man dort warten, hieß es, dort ginge es mit der Kundschaft so schnell, dass man kaum zum Luftholen komme.

Der schmale Chinese musste lächeln. »Da freust du dich, ja? Das ist eine schöne Sache. Du musst Tung Ho sehr dankbar dafür sein. Für jeden tut er das nicht.«

Tadaki bedankte sich verwirrt und ging. Erst als er wieder auf seinem Betjak saß, begriff er, was passiert war: Er hatte Massari gebeten, ihm zu einem besseren Standplatz zu verhelfen – und das Ergebnis war, dass der reiche und angesehene Tung Ho ihn zu sich rief und ihn dem besten Betjakstand der ganzen Stadt zuteilte. Der schmale Chinese hatte Recht, für jeden tat Tung Ho das nicht. Doch warum hatte er es für ihn getan? Nur weil Massari die richtigen Leute kannte? Aber was waren das für »Leute«?

Mehr beunruhigt als erfreut fuhr Tadaki durch die Stadt. Er sagte sich immer wieder, dass er sich doch freuen müsse, aber das ungute Gefühl blieb. Es blieb den ganzen Abend über, nicht mal Mutters Fischreis, sein Lieblingsgericht, konnte ihn davon ablenken. Und dabei hatte er schon ewig keinen solchen Fischreis mehr gegessen.

Nicht dumm – und nicht klug

Der Standplatz vor dem *Sarinah* war wirklich der beste der Stadt. Zwar war das mit den drei Minuten ein bisschen übertrieben, aber länger als zwanzig Minuten musste Tadaki nur selten warten. Zu jeder Tageszeit kamen Leute aus dem Kaufhaus, mit Tüten in den Händen oder Kartons auf den Schultern. Fast einhundert Betjaks standen hier und alle hatten zu tun.

Dennoch wäre Tadaki die ersten Tage leer ausgegangen, wenn Damani nicht gewesen wäre. Die anderen Betjakfahrer hatten ihn immer wieder beiseite gedrängt und nicht an die Kundschaft herangelassen, bis Damani, ein langer Bursche mit kurzen Haaren, vorgetreten war und gesagt hatte: »Lasst ihn in Ruhe. Er ist Massaris Bruder.«

Das hatte wie eine Zauberformel gewirkt. Massari kannten fast alle, und die meisten waren stolz auf ihre Bekanntschaft mit Tadakis Bruder. In ihren Augen war Massari immer ein toller Bursche gewesen.

Deshalb versuchte von nun an niemand mehr, Tadaki die Kundschaft wegzuschnappen. Im Gegenteil, einige schon etwas ältere Fahrer brachten ihm sogar kleine Geschenke mit. Sie hielten es offenbar für nützlich, mit ihm befreundet zu sein.

Nur Damani, der sich für Tadaki eingesetzt hatte, verhielt sich weiterhin zurückhaltend. Tadaki wunderte das und eines Tages sprach er ihn an. »Hast du was gegen mich?«, fragte er ihn. »Oder warum guckst du immer weg, wenn ich komme?«

Damani wurde verlegen. »Was soll ich schon gegen dich haben – du bist ja nicht wie er.«

»Wie wer?«

»Wie dein Bruder.«

»Wieso, was ist denn mit ihm?« Tadaki wusste nicht, was Damani meinte.

Damani lachte. »Mir brauchst du nichts zu erzählen. Ich weiß, was er jetzt macht. Schließlich waren wir lange Zeit die besten Freunde.«

»Na und?« Tadaki gab sich trotzig. »Soll er doch machen, was er will.«

Aber er war kein guter Schauspieler, Damani sah ihm an, was er wirklich dachte. »Lass mal«, sagte er. »Dass du anders bist, hab ich schon gesehen. Dein Bruder hat einen großen Fehler – Geld bedeutet ihm alles. Sogar mehr als Freundschaft. Deshalb ist er zu diesen Leuten gegangen – und jetzt kann er nicht mehr zurück.«

»Triffst du ihn denn noch ab und zu?«

»Nein!« Damani war fast ein wenig empört. »Denkst du etwa, so einer kann noch mein Freund sein? Ich habe für vieles Verständnis, aber nicht für alles. Was er jetzt tut, das darf man einfach nicht machen.«

Diese schroffe Ablehnung überraschte Tadaki. Ihm gefiel auch nicht, was Massari jetzt tat. Aber durfte Damani so streng mit dem Bruder sein? Schließlich war Massari nicht aus Lust und Laune zu Bah Bolong gegangen. Und gab es nicht überall Burschen und Mädchen, Männer und Frauen und sogar jede Menge Kinder, die aus Not zu Dieben wurden, fremden Leuten in die Taschen griffen oder in Geschäfte einbrachen?

Tadaki verstand Damani nicht. Hatte er denn noch nie stehlen müssen? Immer öfter beobachtete er den langen Jungen – und von Tag zu Tag gefiel er ihm besser. Obwohl Damani erst siebzehn Jahre alt war, respektierten ihn auch die ältesten Fahrer. Gab es Streit zu schlichten, wandte man sich an ihn; hatte einer Sorgen, Damani wusste Rat. Und er war immer fair, half nicht mal seinem besten Freund, wenn der im Unrecht war. Damani war aber nicht nur der klügste der Betjakfahrer, er war auch einer der schnellsten und geschicktesten, kannte alle Abkürzungen und sogar ein paar Geheimwege über Höfe und Sportplätze, durch Fabriken und Wohnanlagen.

Tadaki hatte in den ersten Wochen schwer zu kämpfen. Im Nordbezirk hatte er sich fast nur ausgeruht, vor dem *Sarinah* kam er kaum zum Luftholen. Das war ein großer Unterschied. Zwar verdiente er nun besser, aber er wusste auch, wofür er sein Geld bekam. Noch nie war er abends so müde umgesunken, nie hatten ihm morgens die Beine so wehgetan, war der Rücken so steif gewesen. Die ersten Tage waren eine Tortur.

Aber dann fuhr eines Tages Damani neben ihm her und zeigte ihm, wie er den Rücken entlasten und sich auch während der Fahrt mal ausruhen konnte. Er nannte ihm wichtige Abkürzungen und verriet ihm auch sonst noch ein paar Tricks. »Technik ist alles«, sagte Damani. »Was du nicht im Kopf hast, kriegst du in den Beinen nie.«

Tadaki befolgte seine Ratschläge und fuhr schon bald Kraft sparender. Gleichzeitig wurden seine Beine kräftiger, die

Hände packten die Lenkstange fester und er wurde geschickter im Verkehr.

Schon nach ein paar Wochen mussten die anderen Fahrer anerkennend zugeben, dass Tadaki einer der besten Fahrer des Standplatzes war. Um seinen Stolz zu bremsen, fügten sie aber gleich hinzu, »König« könne er deswegen noch lange nicht werden; »König« vor dem *Sarinah* sei Damani und der sei unschlagbar.

»Nicht mehr lange«, meinte Tadaki und kniff ein Auge zu.

Damani lächelte, wie er immer lächelte, wenn er zeigen wollte, dass ihn eine Sache nicht besonders interessierte. »Wenn du so weit bist, sag es mir. Wir machen dann eine Wettfahrt. Wer gewinnt, ist König. Einverstanden?«

Tadaki war einverstanden und machte von seiner Bewunderung für Damani, der ihm nun schon zum zweiten Mal geholfen hatte, fortan keinen Hehl mehr. Wo und wann er konnte, suchte er seine Nähe. Damani merkte das, aber er nutzte es nicht aus, gab nie vor Tadaki an.

Tadaki hätte gerne mehr über Damani erfahren, doch Damani sprach nicht über sich. Es dauerte eine kleine Ewigkeit, bis Tadaki erfuhr, dass Damani der siebte Sohn einer zwölfköpfigen Familie war und die ganze Familie – mit Schwiegersöhnen und Schwiegertöchtern, Enkeln, Onkeln und Tanten – in einer riesigen Hütte in einem Dorf am Stadtrand lebte. Damanis Vater arbeitete auf einer Orchideen-Plantage, ein Bruder beim Straßenbau, ein anderer bei der Müllabfuhr. Alle in der Familie konnten schreiben und lesen, obwohl nur ein einziger von Damanis Onkeln zur Schule gegangen war. Dieser Onkel – er hieß Joko – hatte es den anderen beigebracht, abends in oder vor der Hütte.

In der Hütte von Damanis Familie passierte überhaupt sehr viel. Freunde kamen, es wurde aus der Zeitung vorgelesen oder aus einem Buch. Sie sangen miteinander, diskutierten oder stritten. Daher Damanis Wissen von vielen Dingen, von denen Tadaki noch nie etwas gehört hatte. Tadaki meinte, dass Damani sehr stolz auf dieses Wissen sein müsste. Aber der lange Junge sagte bloß: »Das können wir alle lernen, wir müssen nur wollen.« Und dabei sah er Tadaki aufmerksam an. »Das gilt auch für dich. Hast du nicht Lust, uns mal abends zu besuchen?«

»Ich?« Tadaki wehrte erschrocken ab. Unter so vielen »Damanis« würde er sich furchtbar dumm vorkommen.

Sie führten dieses Gespräch, während sie auf Kundschaft warteten. Es war eine der seltenen Ruhepausen, die sie hatten. Sie saßen nebeneinander in Damanis Kundensitz, und Tadaki konnte Damanis prüfenden Blicken nicht ausweichen.

»Willst du denn nicht Lesen und Schreiben lernen?«, wollte Damani wissen.

»Wozu?«, fragte Tadaki gespielt uninteressiert. »Ich komme auch ohne gut aus.«

»Dann wird man dich immer betrügen«, antwortete Damani kopfschüttelnd, »und du bleibst ewig wehrlos.«

»Betrogen wird unsereiner sowieso«, gab Tadaki zurück und sang Damani ein Stück aus einem Lied vor:

> »Am leckersten sind Mangofrüchte,
> doch der Baum ist hoch –
> und er trägt nicht viel.«

»Wer klug ist, besorgt sich eine Leiter. Damit kommt er auf den höchsten Baum.« Damani lachte spöttisch.

Tadaki griff das Beispiel auf. »Dann sag mir doch, wie Mangos schmecken. Du hast ja ›eine Leiter‹.«

Damani schwieg einige Zeit, dann sagte er anerkennend: »Du bist nicht dumm – aber leider auch nicht klug, würde Onkel Joko sagen.«

»Und du?« Tadaki gefiel das Gespräch. »Du und dein Onkel Joko, ihr seid doch klug. Werdet ihr etwa nicht betrogen? Du kannst schreiben und lesen – und fährst trotzdem Betjak. Oder etwa nicht?«

»Wir müssen mehr werden«, erwiderte Damani ernst. »Wenn wir alle klüger sind, kann man uns nicht mehr betrügen.« »Und wie sollen wir alle klüger werden?«, wollte Tadaki gerade fragen, da kam ein Kunde für Damani, und sie mussten ihm den Sitz freigeben. Doch das Gespräch ließ Tadaki nicht los. Er musste immer wieder darüber nachdenken und sah bald ein, dass schreiben und lesen zu können wirklich ein großer Vorteil war. Wer schreiben und lesen konnte, galt was bei den anderen. Der wusste, worunter er sein Zeichen setzte, wenn Tung Hos Leute im Büro ihm ein Papier vorlegten. Und er konnte sogar Zeitung lesen. Zeitung lesen zu können, war einer von Tadakis vielen unerfüllten Wünschen. Vielleicht sogar der wichtigste. Wie oft hatte er schon vor Zeitungskiosken gestanden und sich die Titelseiten der Illustrierten und Zeitungen angeguckt. Und wie oft hatte er versucht, etwas von dem zu entziffern, was unter den Bildern stand. Natürlich erfolglos.

Ja, er hätte gern lesen gelernt und schreiben auch. Aber konnte er das zugeben? Irgendwie schämte er sich dafür, dass er es nicht konnte. Und außerdem hatte er Angst, sich zu blamieren. Es war bestimmt nicht einfach, all die Buchstaben zu lernen.

Die Gespräche mit Damani setzten Tadaki jedes Mal sehr zu. Trotzdem suchte er sie immer wieder. Aber er lauschte Damani nicht wie einem ehrwürdigen Greis, meistens stritt er mit ihm. Er machte das absichtlich. Er widersprach Damani, um seine Entgegnungen zu hören. Manchmal sagte er sogar Sachen, die er selber nicht glaubte. Er wollte wissen, was Damani darauf antwortete, forderte ihn richtig heraus – und hatte hinterher jedes Mal viel nachzudenken. Aber er gab nie schnell auf kämpfte stets bis zum Letzten – wie an jenem Tag, als Damani das hübsche Mädchen nicht fahren wollte.

An diesem Tag stand er in der Reihe der Betjakfahrer direkt hinter Damani. Mitten in ihr Gespräch hinein kam plötzlich ein junges, sehr hübsches und gut angezogenes Mädchen aus dem *Sarinah* und blickte sich suchend nach einem Betjak um. »Guck mal«, sagte er zu Damani. »Da kriegst du aber eine tolle Fuhre. Die würde ich auch gerne fahren.«

Damani sah das Mädchen, das ihn freundlich heranwinkte, nur kurz an, dann trat er in die Pedale und fuhr weg.

Kein anderer Kunde hatte ihm gewinkt, niemand hatte irgendetwas zu ihm gesagt – Damani war vor diesem Mädchen regelrecht geflohen. Tadaki, als Nächster in der Reihe, musste es fahren.

Das Mädchen war ganz verstört, fragte sich wohl, was dieser fremde Betjakfahrer gegen sie hatte. Als es dann ausstieg, gab es Tadaki nicht nur ein gutes Trinkgeld, sondern bezahlte auch noch mit einem sehr freundlichen Lächeln. In diesem

Lächeln aber lag eine Frage – eine, auf die Tadaki keine Antwort wusste.

Gut gelaunt und dankbar für das Trinkgeld drehte er wieder ab. Er meinte, noch nie ein so hübsches Mädchen gesehen zu haben, geschweige denn, von einer solchen Schönheit angelächelt worden zu sein. Laut pfeifend kehrte er an den Standplatz zurück.

Damani, der inzwischen ebenfalls zurück war, machte ein mürrisches Gesicht und hatte keine Lust, Tadaki auf seine neugierigen Fragen zu antworten. Doch Tadaki ließ nicht locker. Er hatte noch nie erlebt, dass ein Betjakfahrer einen Kunden ablehnte, und noch dazu ein so hübsches Mädchen, das keinem von ihnen etwas getan hatte. Er wollte wissen, was dahinter steckte.

»Ich kann diese jungen Mädchen aus den Geldfamilien nicht leiden«, gab Damani schließlich zu. »Womit haben sie ihren Reichtum denn verdient? Haben sie dafür gearbeitet? Nein, sie haben einen reichen Vater, der andere für sich arbeiten lässt – so eine Art Tung Ho vielleicht. Oder denkst du, Tung Hos gibt es nur unter Chinesen?«

Das dachte Tadaki nicht. Trotzdem verstand er Damani nicht. »Das Mädchen kann doch nichts dafür, dass es reich ist«, sagte er. »Wieso bestrafst du sie?«

»Ich ›bestrafe‹ sie doch nicht«, wehrte sich Damani. »Mich ärgert nur das Unrecht. Warum darf sich so eine für viel Geld parfümieren, während du deine Schwester nicht mal zum Arzt bringen konntest? Ist es richtig, dass diese Mädchen sich die teuersten Kleider kaufen können, wo so viele Kinder an Unterernährung sterben müssen? Von dem Geld, das so eine für Kleidung ausgibt, könnten ganze Familien leben. Du hast doch gesehen, was für Pakete sie mit sich rumschleppte.« Er stieß erregt die Luft aus. »Die geht zur Schule, und du, gehst du zur Schule? Und wozu geht sie zur Schule? Um eines Tages einen reichen Mann zu heiraten und nichts zu tun, als sich weiter zu parfümieren und einkaufen zu gehen. So was kann unsereinen zum Verbrecher werden lassen.«

»Aber das stimmt ja gar nicht«, widersprach Tadaki. »Ich bin kein Verbrecher, der alte Padji ist keiner, die meisten anderen sind keine und du bist auch keiner.«

»Und Massari?« Damani sah Tadaki ernst an. »Massari ist zum Verbrecher geworden. Und warum? Weil er die Armut nicht länger ertragen konnte. Weil er endlich wie ein Mensch leben wollte.«

Also hatte Damani doch Verständnis für Massari? Tadaki schwieg eine Weile. Dann fragte er leise: »Und du?«

»Was ich?«

»Willst du nicht wie ein Mensch leben?«

»Natürlich will ich das«, sagte Damani, »aber mit unmenschlichen Mitteln wird man nicht zum Menschen.«

»Und wie wird man zum Menschen?«

»Das weiß ich nicht. Ich weiß nur eins: Solange so viele von uns vor Hunger verrecken, dürfen andere nicht vor Reichtum stinken.« »Aber das wird immer so sein«, entgegnete Tadaki. »Es wird immer Reiche und Arme geben.«

»Das liegt nur an der Organisationsform«, beharrte Damani. »Man könnte es ja so regeln, dass die Mehrverdiener den Wenigverdienern was abgeben.«

»Und warum gibst du Padji nichts ab?« Tadaki grinste schlau. Der alte Padji wurde von Tag zu Tag langsamer und verdiente immer weniger, Damani und die anderen schnellen Fahrer aber verdienten nicht schlecht.

Für wenige Sekunden war Damani verunsichert. Dann sagte er: »Na, warum schon? Weil wir's selber brauchen. Ich werde durch das Betjakfahren ja nicht zum Millionär. Aber bitte schön: Wenn wir alle jeden Tag unsere Einnahmen in einen Topf werfen und hinterher jedem von uns den gleichen Betrag auszahlen, mach ich sofort mit.«

»Und die Faulen?«, fragte Tadaki sofort. »Die nutzen das dann aus. Und die Betrüger auch, die stecken die Hälfte gleich in die eigene Tasche.«

»Ich denke, du willst Padji helfen?« Damani zog die Augenbrauen hoch. »Mit den Faulen und den Betrügern musst du eben reden. Vielleicht merken sie ja irgendwann, dass das nicht in Ordnung ist, was sie da tun. Aber denk dran, dass Padji dann auch von deinem Lohn was bekommt.«

Tadaki dachte nach. Er sollte von seinen Einnahmen etwas abgeben – Leuten, die nicht zu seiner Familie gehörten?

Wer hatte ihm denn etwas gegeben, als Zora so krank war?

»Siehst du«, sagte Damani. »Du verlangst von mir, dass ich den Anfang mache. Aber würdest du mitmachen?«

»Ja«, sagte Tadaki da entschlossen. »Ich würde mitmachen – wenn mir auch geholfen würde, wenn ich mal wieder in Not bin.«

Diese Antwort gefiel Damani. »Du solltest doch schreiben und lesen lernen«, sagte er. »Ich glaube, das lohnt sich. Soll ich nicht mal anfangen, dich zu unterrichten?«

«Du?« Tadaki freute sich. »Du willst das tun?«

»Feigling.« Damani lachte. »Denkst du, Onkel Joko frisst dich?«

»Mach du es doch«, bettelte Tadaki. »Bitte! Vor dir hab ich keine Angst. Und wenn ich schon ein bisschen schreiben und lesen kann, gehe ich vielleicht auch zu Onkel Joko.« »Einverstanden!« Damani streckte Tadaki die Hand hin. »Gleich morgen fangen wir an. Immer wenn wir mal Zeit haben, lernen wir zusammen.«

Tadaki schlug ein, aber ein bisschen komisch war ihm doch zu Mute. Hoffentlich blamierte er sich nicht allzu sehr.

Wer kennt dieses Messer?

Der nächste Tag war einer jener Tage, an dem die Betjakfahrer vor dem *Sarinah* ununterbrochen unterwegs waren. Es sah so aus, als wollten die Leute das ganze Warenhaus leer kaufen.

»Puh, haben die ein Geld!«, sagte Tadaki stöhnend, als er Damani einmal kurz traf, und freute sich über das gute Geschäft. Doch zum Lernen kamen sie an diesem Tag nicht. Und an den Tagen darauf auch nicht, so viel hatten sie zu tun.

Erst nachdem eine ganze Woche vergangen war, ließ das Geschäft etwas nach. Aber da geschah etwas, das Tadaki den Unterricht vergessen ließ.

Es war an einem Nachmittag. Er stand vor dem *Sarinah* und wartete auf Damani. Eine große Anzahl Betjaks war vor ihm und er freute sich schon: Wenn Damani jetzt kam, würden sie endlich mit dem Unterricht beginnen können. Papier und Bleistift hatte er sich bereits besorgt. Doch Damani kam nicht. Dafür kam plötzlich der einäugige Marto herangerast.

»Habt ihr schon gehört?«, rief er aufgeregt. »Li Schu ist ermordet worden.«

Li Schu? Der Geschäftsführer aus dem *Goldenen Shanghai?* Tadaki erschrak.

Sofort versammelten sich die Betjakfahrer um Marto. Alle hatten sie Li Schu gekannt, kaum einem von ihnen war er nicht schon mal dumm gekommen. Einige zeigten offene Schadenfreude, anderen erging es wie Tadaki: Sie waren bestürzt. Ein solches Ende wünschten sie nicht mal ihrem ärgsten Feind.

Marto berichtete, dass Li Schu auf offener Straße erstochen worden sei. Und zwar vormittags um elf, als er gerade die Einnahmen des Vortages zur Bank bringen wollte.

Sofort wurden Vermutungen angestellt. Marto meinte, das sei vielleicht der Racheakt eines wütenden Betjakfahrers gewesen. Er hätte auch schon ein paar Mal den Wunsch verspürt, diesem hochmütigen Kerl mal so richtig die Fresse zu polieren. Der alte Padji hingegen glaubte, dass irgendeiner der Angestellten im *Goldenen Shanghai* sich für die vielen Demütigungen durch Li Schu gerächt habe. Woher hätte ein Betjakfahrer denn auch wissen sollen, wann Li Schu die Einnahmen zur Bank brachte?

Dieser Meinung schlossen sich noch andere an, nicht wenige aber tippten auf Bah Bolongs Leute. Bah Bolong wusste immer, wo es was zu holen gab.

Tadaki erschrak zum zweiten Mal: Zu Bah Bolong würde ein solcher Raubmord passen – und Massari hatte gewusst, wann Li Schu die Einnahmen zur Bank brachte. Er selbst hatte ihm das erzählt – an jenem Tag, an dem Massari ihm das Betjak übergab… Massari hatte nicht direkt danach gefragt, aber irgendwie hatte er das Gespräch darauf gebracht. Und er hatte ihm bereitwillig alles erzählt.

Tadaki hielt es nicht mehr zwischen den anderen. Er bestieg sein Betjak und fuhr durch die Straßen. Er hatte kein Ziel, dachte nur nach – und sah sich um: Wenn er jetzt Massari treffen würde… oder wenigstens Damani, damit er jemanden hatte, mit dem er über diesen Vorfall reden konnte… Doch so lange er auch suchte, er stieß auf keinen der beiden.

Als dann die Dämmerung einsetzte, fuhr er zu Madis Bambuszaun.

Mutter hatte bereits Feuer gemacht und einen Gemüsereis gekocht. Er hockte sich still neben sie. Sie lächelte ihm zu. »Na, war der Tag schwer?« Seit er so gut verdiente und sie nicht mehr in der Innenstadt betteln musste, war sie sehr stolz auf ihn.

»Es ging«, antwortete Tadaki nur, dann aß er von dem Reis und fütterte auch Dopo, der sich wie immer gleich auf seine Schulter gehockt hatte. Als sie beide satt waren, legte er sich mit Dopo in den Kundensitz und dachte weiter nach:

Die Gespräche, die er zuletzt mit Massari geführt hatte, Massaris »gewisser Plan« – hatte der was mit diesem Mord zu tun?

Der Gedanke machte ihm Angst, aber er konnte ihn nicht unterdrücken, zu deutlich erinnerte er sich an Massaris Worte vom »endlich leben wollen« und »selber fett werden«. Doch konnte Massari – sein Bruder! – ein Mörder sein?

Die Verwirrung in Tadaki wurde immer größer. Immer öfter sah er Bilder vor sich, böse Bilder, die ihn erschreckten. Und dann war da plötzlich im Gebüsch ein Geräusch. Er fuhr hoch.

Mutter kam zu ihm. »Was ist denn?«, fragte sie. »Du bist so unruhig.«

»Nichts«, sagte Tadaki nur, aber von nun an war sie da, die Furcht. Das Geräusch in den Büschen konnte irgendein Vogel, eine Maus, Ratte oder harmlose Schlange gewesen sein – kein Grund, sich Gedanken zu machen. Er aber fürchtete sich nun – und wusste noch nicht einmal, wovor.

Zum Glück schlief er bald ein. Der lange Tag in den Straßen

hatte ihn müde gemacht. Aber es wurde kein erlösender Schlaf. Was ihn bedrängte, verließ ihn nicht.

Am Morgen darauf war Tadaki noch bedrückter. Als er sein Betjak bestieg, kam er nur langsam in Schwung. Er wollte nicht in die Innenstadt; er fürchtete sich vor dem, was er vielleicht zu hören bekommen würde. Aber natürlich musste er fahren. Doch er hatte das *Sarinah* noch nicht erreicht, da jagte Damani an ihm vorüber und winkte ihn in eine Seitenstraße hinein.

Tadaki wusste sofort: Das hatte etwas mit dem Mord zu tun – und mit Massari! Weshalb sonst sollte Damani ihn hier abfangen?

Schweren Herzens folgte er ihm.

»Da!« Damani war abgestiegen und hielt Tadaki, der im Sattel sitzen blieb, eine Zeitung hin. »Schau dir das Foto an!«

Tadaki nahm die Zeitung und spürte, wie ihm schwindlig wurde: Auf dem Foto war ein Messer abgebildet, ein Messer mit einem Holzgriff. Und in den Holzgriff war eine Schlange geritzt – Massaris Messer!

»Es ist seins, nicht wahr?«

Damani nannte Massaris Namen nicht, aber es war klar, wen er meinte.

»Was… was steht denn da?« Tadaki deutete auf die fetten Buchstaben über dem Foto.

»Wer kennt dieses Messer?«, las Damani vor. Und dann las er auch das etwas kleiner Gedruckte vor. Das abgebildete Messer, erfuhr Tadaki, war nicht nur das Messer, das in Li Schus Wunde gesteckt hatte, es passe auch haargenau in die Wunde eines tags zuvor in Kota beraubten und ermordeten Holländers.

»Denkst du etwa, Massari könnte so was tun?«

In der Hoffnung, Damani würde diese Frage verneinen, sah Tadaki den Freund an. Doch Damani wandte den Blick ab und schwieg.

»Du spinnst ja!« Tadaki biss sich auf die Lippen. Er wollte nicht heulen. Wenn er jetzt heulte, bedeutete das, dass er Damanis Verdacht bestätigte. »Massari – ein Mörder! Das… das gibt's ja gar nicht. So was würde er nie tun.«

»Aber es ist nun mal sein Messer«, beharrte Damani. »Ich kenn's doch auch.«

»Na und?«, begehrte Tadaki auf. »Er kann es ja verkauft, verschenkt, verliehen oder verloren haben. Oder irgendeiner hat's ihm gestohlen und absichtlich stecken lassen, damit die Polizei glaubt, er wäre es gewesen.«

Damani schüttelte den Kopf. »In der Zeitung steht, der Täter hat das Messer stecken lassen müssen, weil er bei dem Überfall gestört wurde.«

»Deshalb kann es immer noch jemand anders gewesen sein.«

Verzweifelt kämpfte Tadaki gegen sein eigenes Misstrauen an. Er wusste ja, dass Massari sich niemals freiwillig von dem Messer getrennt hätte. Dafür bedeutete es ihm viel zu viel. Er hatte es von Jato bekommen, kurz nach Vaters Tod. Es war ein Trostgeschenk gewesen, und Massari hatte gleich mit einer spitzen Glasscherbe die Schlange hineingeritzt… Immer hatte er das Messer bei sich getragen, niemals hätte er es verkauft, verliehen oder gar verschenkt; nicht mal ihm, dem eigenen Bruder, hatte er es je geliehen.

Damani tippte noch mal auf den Zeitungsartikel. »Hunderttausend Rupiah Belohnung sind auf die Ergreifung des

Mörders ausgesetzt. Das ist nicht viel, aber das macht viele scharf.«

»Aber wenn Massari das Messer nun doch verloren hat... oder wenn es ihm gestohlen wurde...?« Tadaki wagte nicht auszusprechen, was er dachte.

Damani nickte. Er wusste, was Tadaki befürchtete. Hunderttausend Rupiah waren für die meisten sehr viel Geld, manche Familien lebten über ein halbes Jahr von einem solchen Betrag – und Massaris Messer kannten viele. Auch viele Betjakfahrer. Wenn die sich nun die Belohnung verdienen wollten? Dann würden sie Massari jagen, egal, ob er schuldig war oder nicht. Und Tadaki würden sie auch jagen – weil sie hofften, über ihn zu erfahren, wo Massari steckte.

»Am besten, du stellst dich erst mal dumm«, riet Damani. »Sag einfach, du kennst das Messer nicht, hast es nie gesehen. Und auch Massari hast du schon ewig nicht mehr gesehen; du weißt nicht, was er macht und wovon er lebt. Gar nichts weißt du.«

Das war das Einzige, was er tun konnte. Tadaki sah es ein. Er spürte ja schon bald die Blicke der anderen Betjakfahrer. Fing er einen dieser Blicke auf, spielte er den Harmlosen. Doch das gelang ihm von Mal zu Mal weniger. Er fühlte sich schon bald verfolgt, schrak jedes Mal zusammen, wenn er während einer Fahrt einen anderen Betjakfahrer traf, der ihn aufmerksam musterte. Und dazu der böse Zweifel in ihm. Wenn Massari das Messer nicht verloren hatte oder wenn es ihm nicht gestohlen worden war, musste tatsächlich er der Mörder sein. Wie sollte er sich dann verhalten? Dann konnte er den Bruder ja nie wieder ansehen oder mit ihm reden. Und wie sollte Massari dann weiterleben – als Mörder? Auch wenn er nicht erwischt wurde, einfach so weiterleben konnte er dann nicht mehr.

Das Schlimmste für Tadaki aber war, dass nun kein einziger der Betjakfahrer mehr mit ihm sprach. Sie glaubten wohl alle, er wisse Bescheid, sei vielleicht sogar mit Massari im Bunde. Das entsetzte ihn noch mehr. Er versuchte sich einzureden, dass er sich das alles nur einbildete, aber spürte er den nächsten Blick von einem der Betjakfahrer, wusste er, dass er sich nicht geirrt hatte: Sie glaubten tatsächlich, er stecke mit Massari unter einer Decke. Und er konnte ihnen das nicht mal übel nehmen. Sie verurteilten ihn ja nicht dafür, im Gegenteil, sie hatten Verständnis für alle, die versuchten, endlich mal ans große Geld zu kommen.

Fuhr eine Polizeistreife an Tadaki vorüber, erschrak er auch jedes Mal: Vielleicht suchten sie ihn bereits, wollten von ihm wissen, wo Massari steckte? Vielleicht würden sie ihn schon bald festnehmen und eine ganze Nacht lang verhören – unter Scheinwerferlicht und Schlägen, wie sie es oft taten, wenn einer nicht aussagen wollte. Und vielleicht würden sie ihn sogar zu Gefängnis verurteilen, weil Massari ja nur von ihm wissen konnte, wann Li Schu das Geld zur Bank brachte.

Die Angst in Tadaki wurde immer größer. Wenn er gewusst hätte, wo er sicher war, hätte er sich dort verkrochen. Aber er wusste kein Versteck, deshalb fuhr er weiter Betjak und kehrte nach jeder Fahrt zum *Sarinah* zurück.

Nach einer dieser unruhigen Fahrten stand plötzlich ein junger Mann vor dem *Sarinah*. Er war gut angezogen, trug eine helle Hose und ein weißes Hemd. Sein Gesicht versteckte er hinter einer Sonnenbrille. »Der wartet auf dich«, sagte einer der älteren Betjakfahrer zu Tadaki und machte ein neugieriges Gesicht.

Tadaki überlegte schon, ob er nicht lieber schnell davonfahren sollte, da kam der junge Mann auf ihn zu und nahm seine Sonnenbrille ab. Tadaki erkannte einen von Tung Hos Büroangestellten und guckte verwundert. Was wollte der von ihm?

Der junge Mann setzte sich gleich in den Kundensitz. »Los!«, sagte er. »Der Chef hat Sehnsucht nach dir. Du bist doch Tadaki, oder?«

Tadaki nickte, aber er blieb vorsichtig. »Der Chef?«, fragte er. »Welcher Chef?«

»Na, welcher schon?« Der junge Mann lachte. »Tung Ho natürlich.«

»Tung Ho? Was will er denn von mir?«

»Denkst du, das erzählt er mir?« Der junge Mann steckte sich eine Zigarette an und drängte: »Nun fahr schon! Ich hab nicht ewig Zeit – und Tung Ho wartet nicht gerne.«

Tadaki blieb nichts weiter übrig, als dem jungen Mann zu gehorchen. Er fuhr ihn zu Tung Hos Büro und ließ sich von ihm an all den Wartenden vorbei zu Tung Ho führen. Und dann stand er wieder vor Tung Hos Schreibtisch, und der mondgesichtige Chinese lächelte ihn freundlich an. »Na, wie geht's denn so in letzter Zeit? Bist du mit deinem neuen Standplatz zufrieden?«

»Ja«, sagte Tadaki leise. »Sehr.«

»Das kannst du auch, das kannst du auch.«

Tung Ho lächelte weiter so freundlich. Dann jedoch zog er mit einem raschen Griff eine Zeitung aus der Schublade und breitete sie vor Tadaki aus. »Na?«, fragte er und tippte auf das Foto von dem Messer. »Kennst du dieses Mördermesser vielleicht?«

Tadaki wurde blass – und schüttelte den Kopf.

Tung Ho stutzte. »Du wirkst nicht sehr überrascht. Wie kommt denn das?«

»Ich hab das Foto schon gesehen«, redete Tadaki sich heraus. »Alle Betjakfahrer haben es gesehen…«

»Hm?« Tung Ho sah Tadaki prüfend an. »Du hast es also schon gesehen? Aber du kennst es nicht?«

»Nein.« Tadaki hielt Tung Hos Blick stand. Mit Worten würde er Tung Ho nicht überzeugen können; er musste ihm in die Augen lügen, um Massari nicht zu verraten.

»Und was sagst du«, Tung Ho machte ein lauerndes Gesicht, »wenn ich dir verrate, dass dieses Messer niemand anderem gehört als deinem tüchtigen Bruder Massari?«

Auf diese Frage war Tadaki vorbereitet. Er guckte ungläubig. »Massaris Messer?«

»Ja, du kleiner Dummkopf!« Tung Ho verlor die Geduld. »Massaris Messer! Er, dein sauberer Bruder, hat den armen Li Schu ermordet. Und den unschuldigen Holländer auch. Sag mir, wo er steckt, der Mörder Massari.«

»Weiß ich nicht! Weiß ich wirklich nicht!« Tadaki machte ein bekümmertes Gesicht. »Er lässt sich ja nicht mehr blicken. Keine einzige Rupiah bringt er Mutter. Meine Schwester ist gestorben – weil er sich nicht um uns gekümmert hat.«

Das klang echt. Tung Ho zögerte noch einen Moment, dann sagte er: »Gut, du Bruder deines tüchtigen Bruders! Ich glaub dir, weil ich ein gutmütiger Mensch bin. Aber merk dir eins: Sowie du weißt, wo er ist, hast du es mir zu sagen. Verstehst du? Es liegt in Massaris Interesse. Und in deinem auch.« Seine Augen glitzerten plötzlich kalt. »Immer bin ich nämlich nicht gutmütig. Ob ich die Kuh bin, die euch nährt, oder der Tiger, der euch frisst, liegt ganz allein an euch. Hast du verstanden?«

Tadaki nickte gehorsam und durfte wieder gehen. Erst auf der Straße atmete er auf. Das hatte er überstanden. Doch die Erleichterung währte nicht lange. Schon während der Rückfahrt zum *Sarinah* bedrängten ihn neue Sorgen: Was hatte Massari Tung Ho getan? Was machte den reichen Chinesen so wütend auf ihn? War Tung Ho wirklich ein Freund vom »armen Li Schu«? Vor allem aber: Was wollte Tung Ho tun, wenn er Massari gefunden hatte? Wollte er ihn nur der Polizei übergeben, oder steckte noch irgendwas anderes dahinter?

Eine Menge Fragen, auf die Tadaki keine Antworten fand. Eines aber wusste er nun sicher: Seine Angst war nicht unbegründet. Wer Massari suchte, der wandte sich zuallererst an seinen Bruder.

Ein Päckchen

Am Abend wusste es die ganze Stadt. Es war Massaris Messer, mit dem die zwei Morde begangen worden waren. Die Bestie von Kota, so schrieb die Abendzeitung über ihn.

Die Zeitung brachte kein Foto von Massari – es gab ja keins –, aber sie hatte eine Zeichnung von ihm abgedruckt, die ihm sehr ähnlich sah. Damani, mit dem Tadaki einmal kurz auf dem Standplatz zusammentraf, zeigte sie ihm und erzählte von der Bildunterschrift.

»So sind sie«, sagte er voller Verachtung. »Jetzt haben sie eine Bestie. Aber wer Massari zur Bestie gemacht hat, das fragen sie nicht.«

Tadaki wollte einwenden, dass doch noch gar nicht feststand, wer der Mörder war. Aber er widersprach Damani nicht. Er glaubte nun auch immer weniger daran, dass Massari mit alldem nichts zu tun hatte. Zu viel sprach gegen ihn.

Kurz nach Einbruch der Dämmerung machte Tadaki sich dann auf den Weg zu Madis Bambuszaun. Doch während er durch die dunkle Stadt fuhr, erschien sie ihm unheimlich. Er kannte den Weg, kannte jede Seitenstraße, jede Gasse – an diesem Abend erschienen sie ihm fremd und bedrückend. Lag nicht hinter jedem erleuchteten Fenster, in jeder öllampenbeleuchteten Hütte jene Zeitung? War nicht die ganze Stadt auf Mördersuche? Er fuhr immer schneller und war froh, als er Madis Bambuszaun endlich erreicht hatte. Aber als er sah, wie Jato und Mutter am Feuer hockten, verflog seine Erleichterung sofort: Sie wussten Bescheid, er sah es ihnen an.

Still stieg Tadaki vom Betjak, nahm Dopo auf die Schulter und hockte sich Jato gegenüber. Mutters fragenden Blicken wich er aus.

Jato sah traurig aus, bestürzt und verletzt. Er hatte Mutter die Nachricht gebracht, nun schämte er sich dafür. »Manch einen muss man krumme Wege gehen lassen, damit er nicht zerbricht, wenn er sich biegt«, sagte er leise. »Aber wer so was tut, der bricht sich selber mittendurch.«

»Glaubst du, dass er es war?«, fragte Tadaki genauso leise.

»Es heißt, man hätte sein Messer gefunden«, antwortete Jato. »Du weißt doch, das Messer, das ich ihm geschenkt habe.«

»Aber... er kann's ja verloren haben«, wandte Tadaki ein.

»Oder man hat's ihm gestohlen.«

»Kann sein, kann nicht sein«, sagte Jato nur. Und dann stand er auf und verabschiedete sich von Mutter. »Sei ruhig, Paitun«, bat er sie. »Es ist nicht deine Schuld. Du hast getan, was du konntest. Gegen die Welt bist du machtlos.«

Mutter seufzte. Tadaki sah ihr an: Sie verstand das alles nicht. Ihr Sohn – ein Mörder? Wie konnte das sein, wo sie selber niemals jemandem ein Leid zugefügt hatte?

Erst als Jato gegangen war, hob sie den Blick. »Er hat es getan«, sagte sie zu Tadaki. »Ich weiß es. Er hat es getan.«

»Und woher weißt du das?«, fragte Tadaki erschrocken.

»Mein Gefühl sagt es mir.«

»Aber – du kannst dich täuschen.«

Sie schüttelte den Kopf »Ich hab so was schon lange kommen sehen. Er ist nicht wie du und ich. Er ist zu ungeduldig.«

Da schwieg Tadaki, und auch Mutter schwieg wieder, hockte nur da, sah ins Feuer und legte ab und zu Holz nach. Die ganze Nacht hockte sie so da, und auch Tadaki legte sich nicht in sein Betjak. Obwohl er sehr müde war, müde bis tief in all sein Denken hinein, blieb er wach. Wie sollte er denn schlafen mit dieser Hitze im Kopf?

Gegen Morgen, gerade erst war die Sonne aufgegangen, kam ein Polizeiauto angefahren. Es fuhr sehr langsam. Die Polizisten hatten die Fenster heruntergekurbelt und sahen sich suchend um.

Tadaki stand auf und setzte Dopo, der noch immer auf seiner Schulter hockte, ins Betjak. Die Polizisten suchten ihn, davon war er überzeugt. Sie würden kommen und ihn mitnehmen. Und er würde mitgehen; sie sollten nur Mutter in Ruhe lassen.

Die Polizisten hatten ihn entdeckt. Sie kamen herangefahren, stellten den Motor ab und stiegen aus.

Sie waren zu dritt, ein älterer Mann und zwei jüngere. Alle drei hatten sie Revolver umgeschnallt und trugen Gummiknüppel in den Händen. Der ältere Polizist ging voran und blieb schließlich vor Tadaki stehen.

Mutter hatte die Polizisten auch bemerkt, aber sie rührte sich nicht, blickte nur weiter in ihr Feuer.

»Was ist denn das hier?«, fragte der ältere Polizist. »Etwa ein Lagerplatz? Es ist verboten, auf der Straße zu schlafen.«

Tadaki wollte schon etwas Freches entgegnen, da hob Mutter plötzlich den Kopf und sagte unterwürfig: »Aber das ist doch keine Straße, Herr Offizier! Das ist ein Stück Wiese und ein Zaun. Jag uns nicht weg, wir tun niemandem was.«

Der ältere Polizist straffte sich, Mutters bittender Tonfall gefiel ihm. »Ihr tut niemandem was?«, fragte er und lachte. »So, so! Leider haben wir da ganz andere Erfahrungen gemacht.« Die beiden jüngeren Polizisten schlugen sich mit ihren Knüppeln in die Hände und lachten auch – so, als hätte ihr Vorgesetzter einen besonders guten Witz gemacht. Tadaki ballte die Fäuste. Was dachten diese Männer von ihnen? Wieso hielten sie sich für was Besseres? Weil sie in einer Wohnung lebten? Weil sie zur Schule gegangen waren? Weil sie eine Uniform trugen?

Der ältere Polizist tippte Tadaki mit seinem Knüppel auf die Schulter. »Und du? Tust du auch niemandem was?«

»Nein.«

»Was ›nein‹? Tust du jemandem was – oder nicht?«

Tadaki biss sich auf die Lippen, aber dann sagte er gehorsam: »Ich tue niemandem was.«

»Brav, brav!« Alle lachten wieder.

Doch dann wurde der ältere Polizist ernst. »Wenn ihr die Wahrheit sagt, dürft ihr bleiben. Dann drücke ich ein Auge zu. Wenn nicht, nehmen wir euch mit. Also, heraus mit der Sprache: Wo steckt er?«

»Wer?«, wollte Tadaki erst fragen, aber dann ließ er das sein. Es hatte keinen Zweck, mit den Polizisten Versteck zu spielen. Sie fragten ja nicht mal nach dem Namen, wussten also ganz genau, wer sie waren. »Massari?«, fragte er stattdessen.

»Keine Ahnung. Er kommt nicht mehr zu uns.« Und als ahnte er schon, dass die Polizisten ihm das nicht glauben würden, fügte er hinzu: »Das ist wahr. Wir haben gehungert, aber er hat sich nicht blicken lassen.«

Das überzeugte die Polizisten ebenso, wie es Tung Ho überzeugt hatte. Aber noch wollten sie nicht gehen. Der ältere

Polizist berührte Mutter mit der Schuhspitze am Arm. »Und du, Alte? Weißt du auch nichts?«

»Ich weiß schon lange nichts mehr«, antwortete Mutter, ohne aufzublicken. »Er geht seine eigenen Wege. Auch als er noch kam, hat er mir nichts mehr gesagt. Wir sind uns fremd geworden, sehr fremd.«

Was Mutter sagte, war die Wahrheit. Der ältere Polizist spürte das. »Wisst ihr denn, was er getan hat?«, fragte er streng.

Tadaki schüttelte den Kopf, Mutter nickte.

»So?« Der ältere Polizist packte Tadaki am Hemd und zog ihn dicht zu sich heran. »Du weißt es nicht?«

»Ich weiß, was er getan haben soll«, sagte Tadaki leise. »Aber ob er es wirklich getan hat…«

Der Polizist stieß Tadaki von sich fort. »Meinst du, das Messer hat von selbst zugestochen? Glaubst du an Märchen?«

»Er kann es verloren haben.« Tadaki schämte sich fast, als er das sagte. »Oder es kann ihm gestohlen worden sein.«

»Träumer!« Einer der beiden jüngeren Polizisten spuckte aus. »Verloren! Gestohlen! So dumm ist ja kein Feldochse. Natürlich war er's! Denkst du, wir wissen nicht, dass er schon seit ein paar Wochen für Bah Bolong arbeitet?«

Tadaki stopfte sich das Hemd in die Hose und schwieg. Der ältere Polizist sah ihn lange an. Dann tippte er ihm ein zweites Mal mit seinem Knüppel auf die Schulter. »Ich glaub dir sogar, dass du nicht weißt, wo er steckt. Er wird seinem kleinen Bruder nicht sein Leben anvertrauen. Aber wenn du irgendwas von ihm hören solltest, und sei's nur, dass er seine Zigarettenmarke gewechselt hat, hast du's zu melden. Verstanden?«

Tadaki nickte stumm.

»Gut!« Der ältere Polizist hockte sich zu Mutter und sah ihr aufmerksam ins Gesicht. »Für dich gilt dasselbe, Alte. Wenn ich erfahre, dass ihr uns nicht alles sagt, jage ich euch aus der Stadt. Dann kannst du die Bäume im Wald anbetteln. Vielleicht haben die weichere Herzen als die Touristen.«

»Jawohl, Herr Offizier!«, flüsterte Mutter erschrocken.

Der ältere Polizist erhob sich und ging gut gelaunt zum Polizeiwagen zurück. Die beiden jüngeren Polizisten folgten ihm. Es war deutlich zu sehen, sie hatten sich von diesem Verhör nicht viel versprochen, waren nicht enttäuscht, sondern belustigt.

Tadaki wartete einige Zeit, dann verabschiedete er sich von Mutter, bestieg sein Betjak und machte sich auf den Weg in die Stadt. Doch er kam nicht weit, in einer einsamen Straße zwischen wenigen Häusern wurde er von einem anderen Betjak überholt. Ein alter Mann fuhr es. Er gab Tadaki ein Handzeichen und fuhr vor ihm her, bis sie wieder ein Stück aus der Stadt heraus waren. Dort bog der Alte hinter einem Schuppen ein, stoppte und blickte sich ängstlich um.

Auch Tadaki bremste. Aber noch bevor er etwas sagen konnte, fragte der Alte ihn schon: »Wie heißt du?«

»Tadaki«, antwortete Tadaki verwundert.

»Und deine Mutter?«

»Paitun.«

»Deine Schwester?«

»Zora.«

»Dein Vater?«

»Gomblor.«

Der Alte überlegte einen Augenblick, als überprüfe er alle Antworten der Reihe nach auf ihre Richtigkeit, dann sah er sich wieder so ängstlich um und zog, als er sich überzeugt hatte, dass niemand sie beobachtete, ein Päckchen unter seinem Sitz hervor. »Versteck es«, flüsterte er. »Und sag niemandem was davon.«

»Was ist das?«, fragte Tadaki erschrocken. Doch der Alte rief nur noch einmal: »Versteck es! Schnell!«, dann fuhr er schon wieder davon.

Tadaki sah das Päckchen an und spürte, wie seine Hände zu zittern begannen. Rasch sprang er vom Sattel, schob das Päckchen unter den Kundensitz und raste mit seinem Betjak davon – noch weiter fort von der Stadt, weg von allen, die ihn beobachten oder verfolgen könnten, hin zu dem Wäldchen, in dem Jato und er Zora begraben hatten und in dem auch Vater lag.

Dort angekommen, fuhr er das Betjak hinter einen hohen Busch und öffnete das Päckchen. Der Inhalt war doppelt und dreifach in Papier eingeschlagen, mehrfach verschnürt und in eine Plastiktüte gewickelt. Es dauerte lange, bis er die vielen Knoten aufhatte, aber dann, noch bevor er das Päckchen ganz geöffnet hatte, sah er schon: Es war Geld, amerikanische Dollarnoten und viele große Rupiah-Scheine! Sagenhaft viel Geld!

Tadaki starrte die Geldscheine an – und dann liefen ihm die Tränen über die Wangen. Er wischte sie weg, aber es nützte nichts, jetzt musste er heulen, jetzt konnte er nur noch heulen, jetzt gab es keine Zweifel mehr: Das Geld kam von Massari – und das bedeutete, dass er tatsächlich der Mörder war.

Und er hatte bis zum Schluss gehofft, hatte sich lächerlich gemacht mit seinem »verlorenen« oder »gestohlenen« Mes-

ser… Eine böse Wut auf den Bruder überkam Tadaki. Wie
hatte Massari so was tun können? Wie hatte er Mutter, Jato,
ihm und sich selber das antun können?

Und nun wollte Massari ihn also zu seinem Komplizen ma-
chen? Wozu sonst hatte er ihm das Geld zukommen lassen?
Tadaki schob die Geldscheine auseinander und betrachtete
sie erneut. Es war ganz normales Geld, niemand konnte dem
Papier ansehen, woher es kam. Trotzdem! Ihn ekelte davor.
Dafür waren zwei Menschen ermordet worden. Und der
Mörder war nicht irgendwer, es war sein Bruder…

Was sollte er tun mit dem Geld? Sollte er es wegwerfen, ver-
brennen? Aber es gehörte ihm ja nicht. Wenn nun Massari
eines Tages danach fragte? Und das würde er bestimmt tun;
er hatte für das Geld so viel Schlimmes getan, er würde es
nicht einfach vergessen… Und er? Er musste ihm dann sagen, wo er es versteckt hatte… Wenn er es irgendwo abgab,
verriet er den Bruder. Und das durfte er nicht. Egal, was
Massari getan hatte, verraten durfte er ihn nicht; nicht den
eigenen Bruder!

Wie gehetzt sah Tadaki sich um. Jeden Augenblick konnte
ihn jemand entdecken! Sein Blick fiel auf eine verkrüppelte
Palme. Das war's! Er musste das Geld vergraben. In der Erde
würde es niemand finden, und Massari konnte es sich, wenn
er eines Tages wieder auftauchte, dort abholen. Und tauchte
er nicht wieder auf, sollte es da unten verschimmeln.

Schnell lief Tadaki zu der verkrüppelten Palme und grub
und kratzte mit beiden Händen ein Loch in die Erde. Dann
nahm er das Päckchen, legte es hinein und schob die Erde
drüber. Danach trat er sie fest.

Noch einmal blickte Tadaki in die Runde, dann bestieg er

sein Betjak und fuhr in die Stadt zurück. Doch er hatte den Stadtrand noch nicht erreicht, da begriff er, was wirklich geschehen war – und das war schlimmer als alles, was er sich hätte vorstellen können: Wenn Massari das Geld noch besaß, hieß das, dass er es für sich behalten wollte, anstatt es Bah Bolong oder einem seiner Leute zu übergeben.

Das Gespräch an der Alten Brücke! Massaris Worte: »Wir machen die Dreckarbeit und andere kassieren.« Sein »gewisser Plan« und wie er gefragt hatte: »Wenn's mal ganz schlimm kommt – hältst du dann zu mir?«

Es gab keinen Zweifel: Massari wollte Bah Bolong und dessen ganze Bande an der Nase herumführen. Deshalb das Geschimpfe auf jene, die an den Tischen saßen und sich bedienen ließen, deshalb die seltsamen Fragen und das geheimnisvolle Gerede vom cleveren Bruder, der sich aus dem Dreck wühlen wollte… Nun war alles klar, alles passte zusammen, diese Wahrheit aber war schrecklich: Wenn Massari nicht nur die Polizei, sondern auch Bah Bolong austricksen wollte, bedeutete das nichts anderes, als dass auch Bah Bolong ihn suchte. Und Bah Bolong war gefährlicher als die Polizei; wenn Bah Bolong jemanden suchte, fand er ihn auch. Und hatte er ihn gefunden, wurde derjenige nicht erst vor Gericht gestellt und eingesperrt, sondern gleich erledigt. Massari selber hatte das gesagt…

Tadaki fuhr in eine Seitenstraße, stoppte und blieb im Sattel sitzen. Was hatte Massari da getan? War ihm sein Leben so wenig wert, dass er es dermaßen aufs Spiel setzte? Und wer hatte ihm das Recht gegeben, die Familie in diese Sache mit hineinzuziehen? Tadaki hob den Kopf und sah die Straße entlang, in die er unbewusst hineingefahren war. Wurde er nicht schon längst beobachtet? Er drehte sich um und blickte den Passanten in die Gesichter. Sie sahen harmlos aus, gingen einkaufen oder waren sonst wie unterwegs. Doch das konnte täuschen, denn jetzt stand fest: Er war in genauso großer Gefahr wie Massari. Er musste aufpassen, durfte nicht in die Innenstadt zurück, musste sich verstecken. Aber wo? Und wovon sollte er leben, wenn er nicht Betjak fuhr? Und Mutter? Wovon sollte sie dann leben?

Damani! Er musste mit Damani reden. Damani war der Einzige, der vielleicht einen Ausweg wusste. Aber um ihn zu finden, musste er doch noch einmal in die Innenstadt, ein einziges Mal noch…

Der Verdacht

Nur vorsichtig näherte Tadaki sich dem *Sarinah*. Wenn man ihn suchte, würde man ihn zuerst dort suchen. Aber er musste zum Standplatz, wenn er Damani treffen wollte.

Damani war nicht da. Admor, der in der Reihe als Letzter stand, sagte, dass er eben erst losgefahren sei. Mit zwei alten Frauen im Kundensitz.

»Und wohin?«, fragte Tadaki.

Admor zuckte die Achseln. »So lange Ohren hab ich nicht.«

Tadaki zögerte. Was sollte er nun tun? Wieder fortfahren – oder am Standplatz bleiben und hoffen, dass Damani bald zurückkehrte?

Doch wo sollte er hin, wenn er fortfuhr? Vor dem *Sarinah* war er halbwegs sicher. Hier waren viele Leute, gab es Polizisten und Betjakfahrer, hier konnte ihm so leicht nichts geschehen. Kurz entschlossen stellte er sich hinter Admor an und bemühte sich, die Blicke der anderen Betjakfahrer zu übersehen.

Sie waren noch immer so neugierig, wunderten sich vielleicht sogar darüber, dass er überhaupt noch kam – wo Massari und er doch jetzt so viel Geld hatten, wie sie sicher vermuteten.

Es war einer der Tage, an dem das Geschäft im *Sarinah* nicht so gut ging; Tadaki rückte nur langsam vor. Das freute ihn. Er war nicht scharf darauf, einen Kunden zu übernehmen, er wartete auf Damani.

Auf einmal aber spürte er ein seltsames Gefühl im Rücken – so, als ob er beobachtet wurde. Er drehte sich um, doch die Blicke der Betjakfahrer, die hinter ihm standen, konnten es nicht gewesen sein, die war er schon gewöhnt. Aufmerksam sah er zu den parkenden Autos hin: Wurde er etwa von dort aus beobachtet?

Die Furcht in ihm wurde wieder stärker. Er war nun der Einzige, der wusste, wo das Geld war. Wer es haben wollte, musste ihn jagen und nicht mehr Massari.

Langsam rückte Tadaki weiter vor und jedes Mal, wenn er wieder etwas nach vorn gefahren war, drehte er sich um. Er war nun sicher, dass er aus einem der Autos heraus beobachtet wurde. Aber aus welchem? In vielen Autos saßen Männer, die auf jemanden zu warten schienen.

Dann war Tadaki der Erste in der Reihe und Damani noch immer nicht gekommen. Ein sehr kleiner Mann setzte sich zu ihm in den Kundensitz. »Jalan Gajah Mada«, sagte er und schlug eine Zeitung auf. »Setz mich am Bahnhof ab.«

Tadaki erschrak: Der Mann wollte ausgerechnet nach Kota? Er trat in die Pedale und drehte sich schnell um. Tatsächlich, eines der parkenden Autos startete. Es war ein knallroter Wagen. Hinter dem Lenkrad saß ein dicker Mann und schaute gleichgültig in die Gegend.

Tadaki fuhr etwas langsamer – auch das Auto wurde langsamer. Er wurde wieder schneller – der Dicke gab Gas. Tadaki blieb stehen und tat, als müsse er etwas an der Pedale richten – auch das Auto blieb stehen.

Tadaki sah sich den dicken Mann hinter der Windschutzscheibe etwas genauer an. Der Dicke bemerkte es und grinste fröhlich. Also war es Absicht: Er sollte ruhig mitbekommen, dass er beobachtet wurde; sie wollten ihn nervös machen... Aber wozu?

Und: Wer waren diese »sie«? Polizei war es nicht, die bevorzugte andere Methoden. Wenn es aber keine Polizei war, blieb nur Bah Bolong. Der Dicke musste zu seiner Bande gehören. Und wenn er ihn verfolgte und wollte, dass er das bemerkte, hatten sie etwas mit ihm vor. Aber was? Wussten sie etwa schon, dass Massari ihm das Geld geschickt hatte?

»Was ist? Bist du eingeschlafen?« Der kleine Mann im Kundensitz sah ungeduldig von seiner Zeitung auf.

Tadaki fuhr weiter und blickte sich nur noch selten um. Doch seine Furcht wurde immer größer. Er hatte genug Phantasie, um sich auszumalen, was Bah Bolongs Leute alles mit ihm anstellen konnten, wenn sie nur wollten. Das Schlimmste aber war, dass er keinen Ausweg wusste. Er hatte das Gefühl, in einem Strudel zu stecken, der ihn immer tiefer hinabzog. Und es gab nur einen einzigen Menschen, mit dem er über alles reden konnte und der vielleicht Rat wusste: Damani. Er musste nun doch versuchen, ihn in den Straßen zu finden, und deswegen musste er vorher den Dicken abhängen.

Er drehte sich um: Das Auto war immer noch hinter ihm. Da holte er tief Luft, fuhr plötzlich etwas schneller und dann – genauso abrupt – wieder langsamer. Der Dicke im Auto strahlte. Das Spiel schien ihm Spaß zu machen – ein Betjakfahrer, der einem Auto davonfuhr, das gab es nicht.

Der kleine Mann im Kundensitz bemerkte Tadakis seltsame Fahrweise auch. Besorgt sah er ihn an. »Ist dir nicht gut?«

Tadaki schüttelte nur den Kopf und wurde noch langsamer. Das war nun schon zu langsam für ein Auto. Auch wenn die

Straße breit genug war, dass die anderen Autos den Dicken überholen konnten, ein so langsam fahrendes Auto fiel auf.

»Und warum fährst du dann nicht schneller?«, schimpfte der kleine Mann im Kundensitz. »Ich will nicht zum Vergnügen nach Kota. Ich habe eine geschäftliche Besprechung...« Er hatte das Wort »Besprechung« noch nicht ganz heraus, da fiel er in seinen Sitz zurück, denn genau in diesem Moment hatte Tadaki die kleine Seitengasse erreicht, auf die er es abgesehen hatte – eine Gasse, die so schmal war, dass auch der kleinste Pkw nicht hineinkam. Plötzlich und mit aller Kraft trat er an, bog in die Gasse ein und jagte ein Stück weit durch sie hindurch.

»Was ist denn los?«, schrie der kleine Mann erschrocken. »Was soll denn das?«

»Ich hab mich geirrt.« Tadaki sprang vom Sattel, nahm das Betjak am Hinterrad, drehte es herum und fuhr wieder aus der Gasse heraus. Auf der Hauptstraße hielt er an, blickte sich um – und atmete auf: Sein Plan hatte geklappt, der Dicke war nicht mehr zu sehen, weil er sicher wie ein Verrückter Gas gegeben hatte, um ihn am Ende der schmalen Gasse abzufangen.

Der kleine Mann benutzte die Gelegenheit und stieg schnell aus. »Eine Frechheit ist das!«, schimpfte er. »Eine bodenlose Frechheit!«

Tadaki kümmerte sich nicht um den Kleinen. Er war sogar froh darüber, dass er ausgestiegen war. Nun konnte er sofort Damani suchen. Langsam fuhr er durch die Straßen, umrundete Plätze und Häuserzeilen und hielt die Augen offen.

Während er suchte, wurde die Verzweiflung in Tadaki immer größer. Was sollte er tun, wenn er Damani nicht fand? Wo sollte er heute Nacht hin? Zu Mutter, zu Madis Bambuszaun konnte er nicht mehr. Wenn die Polizei wusste, dass sie ihn dort finden konnte, wussten es auch Bah Bolongs Leute. Und sich irgendwo verstecken? Wie lange sollte er das durchhalten ohne Einkünfte?

Er konnte das Geld freiwillig herausrücken. Aber dann musste er damit rechnen, dass die Bande das Geld kassierte und ihn trotzdem nicht laufen ließ. Und brachte er es der Polizei, verriet er Massari...

»Tadaki!«

Tadaki fuhr herum – und atmete auf: Damani fuhr hinter ihm her. »Fahr mir nach!«

Damani setzte sich vor Tadaki, bog gleich in die nächste Straße rechts ein und fuhr weiter in Richtung Hafen. Vor einem der großen Lagerhäuser hielt er an. Hier war kaum Verkehr, nur Laster kamen ab und zu vorbei und ganz selten mal ein Personenwagen. Hier hatten sie freie Sicht und konnten ungestört miteinander reden.

Sie setzten sich in Damanis Kundensitz, und Tadaki wollte sofort mit seinem Bericht beginnen. Damani war schneller. »Tung Hos Leute suchen dich«, sagte er. »Sie fragen überall herum und versprechen sogar Geld dafür, wenn einer verrät, wo du bist.«

Tung Hos Leute? Schon wieder? Und sie versprachen Geld dafür, nur um ihn zu finden? Neue Unruhe überkam Tadaki. Rasch erzählte er Damani alles, was er an diesem Tag erlebt hatte. Er ließ nichts aus, sogar, wo er das Geld vergraben hatte, verriet er ihm. Und zum Schluss sagte er dem Freund, dass er ihn gesucht habe und seinen Rat brauche. Er wisse nicht mehr, was er tun sollte.

Damani hörte geduldig zu. Aber je mehr er zu hören bekam, desto mehr verfinsterte sich sein Gesicht. Als Tadaki fertig war, legte er sich in den Sitz zurück und dachte lange nach.

»Seltsam«, sagte er dann. »Tung Ho sucht dich – und Bah Bolong sucht dich auch? Was geht denn Tung Ho das Ganze an?«

Das hatte Tadaki sich auch schon gefragt. Aber was wollte Damani damit sagen?

»Vielleicht stecken sie beide unter einer Decke, arbeiten zusammen«, überlegte Damani weiter. »Oder Tung Ho und Bah Bolong sind eine einzige Person…

Tadaki guckte ungläubig. Tung Ho und Bah Bolong eine einzige Person? »Aber Tung Ho ist doch Chinese«, widersprach er. »Und Bah Bolong ist Indonesier.«

»Hast du Bah Bolong schon mal gesehen?«

Tadaki schüttelte den Kopf.

»Na also!« Damani wurde immer sicherer. »Bah Bolong ist doch bloß ein Deckname. Dahinter kann jeder stecken – auch ein Chinese. Es wäre sogar logisch, dass ein Chinese sich einen indonesischen Decknamen aussucht. Oder denkst du, dass viele Indonesier ihren Kopf für einen Chinesen riskieren würden?«

Tadaki konnte es immer noch nicht glauben. Was Damani da vermutete, erschien ihm zu ungeheuerlich.

»Es ist nur ein Verdacht«, gab Damani zu. »Aber ein berechtigter. Woher sonst hat Tung Ho das viele Geld, mit dem er seine Geschäfte finanziert?«

»Von uns«, sagte Tadaki. »Und von den Taxi-Girls.«

»Und damals, als er anfing und der ärmste Chinese von ganz Kota war?« Damani lächelte spöttisch. »Wo hatte er denn da das Geld her? Etwa von Zo, dem Waldmenschen? Ich bin sicher, diese Geschichte hat er selbst in die Welt gesetzt.«

Betrübt sah Tadaki vor sich hin. Was Damani sagte, war kein bloßes Geschwätz. Aber wenn es stimmte, steckte er in einer noch größeren Klemme, als er bisher geglaubt hatte. Tung Ho wusste alles über ihn; auf Tung Ho hörte jeder Betjakfahrer und jedes Taxi-Girl in Kota und weit darüber hinaus. Es war unmöglich, sich vor Tung Ho zu verstecken. »Und?«, fragte er leise. »Was soll ich nun tun?«

»Verschwinden«, sagte Damani ernst.« Es gibt keine andere Möglichkeit. Für dieses blutige Geld mussten schon zwei Menschen ihr Leben lassen. Auf einen dritten kommt es denen nicht an. Du musst schnellstens weg.«

Der dritte – das war er! Tadaki wusste Bescheid. Doch der Gedanke, einfach wegzugehen, alles im Stich zu lassen, erschien ihm unmöglich. »Und Mutter?«, fragte er leise. »Und Dopo?« »Dein Affe?« Damani wusste nicht, wie sehr Tadaki an Dopo hing. Er zog verwundert die Augenbrauen hoch. Aber dann sagte er: »Du hast mir doch von diesem Limonadenverkäufer erzählt. Kann er sich nicht um die beiden kümmern?«

»Und mein Standplatz? So einen guten kriege ich nie wieder.« »Na, du bist gut!«, schimpfte Damani. »Wenn Tung Ho und Bah Bolong ein und dieselbe Person sind, ist dein Standplatz sowieso futsch. Außerdem nutzt er dir mit einem Messer im Rücken nicht mehr viel. Du kannst doch jetzt nicht an dein Einkommen denken. Oder ist es dir wichtiger als dein Leben?«

Tadaki schwieg.

Damani hatte Recht. Seine Ausflüchte waren dumm. Es

ging um sein Leben, er musste verschwinden. »Aber wo soll ich denn hin?«, fragte er nur noch und wischte sich die Augen.

Damani legte ihm die Hand auf die Schulter. »Denkst du noch an unsere Wettfahrt? Du wolltest doch König werden. Machen wir sie jetzt, fahren wir nach Bogor! Dort habe ich einen Onkel. Der ist klug, vielleicht weiß er Rat.«

»Onkel Joko?«

»Nein – Onkel Soewaro.« Damani lachte. »Ich habe viele kluge Onkel. Er ist ein Bruder meiner Mutter, kennt die halbe Welt und hilft uns bestimmt weiter.«

Tadaki wusste nicht, was er dazu sagen sollte. Es wäre ein großes Glück für ihn, wenn Damani mit ihm fuhr. Aber durfte er dieses Opfer annehmen? Damani musste doch verdienen – für seine Familie.

Damani konnte sich denken, was in Tadaki vorging. »Das ist keine große Sache«, beruhigte er ihn. »Meine Leute kommen auch mal ein paar Tage ohne mich aus. Ich helf dir, die Stadt zu verlassen, und wenn du in Sicherheit bist, fahre ich zurück.«

Damani war wirklich ein Freund. Tadaki versuchte zu lächeln, aber es gelang ihm nicht. Die Flüsse in seinen Augen führten Hochwasser, wie Jato das genannt hätte. Er bekam gerade noch ein kleines »Danke« heraus. Doch auch das war Damani schon zu viel. »Was soll denn das?«, wehrte er ab. »Ich fahre gerne zu Onkel Soewaro. Man kann prima mit ihm reden.«

»Und wann fahren wir?«, fragte Tadaki da nur noch.

»Gleich«, bestimmte Damani. »So, wie sie jetzt hinter dir her sind, ist es das Beste, wir verschwinden sofort.«

»Aber erst müssen wir zu Jato«, bat Tadaki. »Er ist der Einzige, den Mutter dann noch hat.«

Damani war einverstanden. Hintereinander und sich dabei immer wieder vorsichtig umblickend, fuhren sie durch Kota, bis sie Jato gefunden hatten. Nun erzählte Tadaki die ganze Geschichte noch einmal. Jato hörte zu und schüttelte lange den Kopf. »Das hat er von seiner Gier… Hätte er nicht wie wir leben können? Leben denn nicht tausende, ja Millionen Menschen so?«

»Es ist nicht richtig, wie wir leben«, entgegnete Damani leise. Mehr sagte er nicht dazu, sah nur besorgt zur Sonne hoch. »Es wird bald dunkel. Wir sollten vorher aus der Stadt raus sein.«

Jato war der gleichen Meinung und versprach Tadaki, sich um Mutter zu kümmern. Gleich wollte er zu ihr gehen und ihr schonend beibringen, dass Tadaki an diesem Abend – und noch viele andere Abende lang – nicht zu ihr zurückkehren konnte.

»Hier!« Tadaki griff in seine Hosentasche und hielt Jato das Wechselgeld hin, das er immer bei sich hatte. »Für Mutter. Sie wird es brauchen.«

Jato nahm es nicht. »Behalt's für dich«, sagte er. »Für Paitun sorg ich schon.«

Tadaki biss sich auf die Lippen, aber nun konnte er die Tränen nicht mehr zurückhalten. Erst die bösen Erlebnisse dieses Tages, jetzt der Gedanke daran, dass er die Mutter lange nicht sehen würde und sich nicht mal von ihr verabschieden konnte.

Jato strich Tadaki zärtlich über den Kopf. »Mach dir keine Sorgen, Daki. Ich nehme Paitun zu mir. Wir sind beide alt, wir brauchen nicht mehr viel. Für uns reicht, was ich verdiene. Bei mir wird sie auch keiner vermuten. Und wenn doch einer kommt, sie weiß ja nichts von dem Geld.«

Nein, Mutter wusste nichts davon. Und Jato wusste auch nicht, wo das Geld lag. Tadaki hatte ihm nur gesagt, dass er es versteckt hatte. Mutter und Jato hatten mit alldem nichts zu tun; wozu hätte er sie belasten sollen? Schnell drehte er sich weg und bestieg sein Betjak. Und dann fuhr er wieder hinter Damani her und schaute nicht zurück.

2. Teil
Die Stadt der Mädchen

In der Dunkelheit

Bogor lag im Süden von Jakarta. Tadaki und Damani mussten durch die ganze Stadt, um auf die Straße nach Bogor zu gelangen. Die Innenstadt aber mieden sie. In der City gab es zu viele Betjakfahrer, die sie kannten, und der Dicke in seinem roten Auto würde seine Suche nach Tadaki noch nicht aufgegeben haben. Außerdem musste sich Damani ja auch noch verabschieden, und das kleine Dorf, in dem seine Familie lebte, lag ziemlich weit im Westen der Stadt.

Tadaki war alles recht. Ohne eigenen Willen fuhr er hinter Damani her, sah sich nur immer wieder aufmerksam um, ob sie nicht vielleicht doch verfolgt wurden. Aber er konnte nichts Verdächtiges entdecken.

Damanis Mutter saß vor der riesigen Hütte, von der Damani schon so oft erzählt hatte, und wusch Reis. Als Damani ihr Tadaki vorstellte, lächelte sie ihn an und fragte höflich nach seiner Mutter. Tadaki antwortete noch höflicher. Es gehörte sich so, dass Jungen in seinem Alter nach ihrer Mutter gefragt wurden. Aber Damanis Mutter hatte eine sehr warmherzige Art zu fragen. Das gefiel ihm.

Auch zwei von Damanis älteren Brüdern saßen vor der Hütte. Sie waren gerade von der Arbeit heimgekommen, hatten eine Kanne Tee vor sich stehen, rauchten und lasen in der Zeitung. Neben ihnen hockte der berühmte Onkel Joko; kein weiser alter Herr mit Spitzbart und Brille, wie Tadaki ihn sich vorgestellt hatte, sondern ein gemütlicher runder

Mann. Er schien sich mit Damanis Brüdern über was Lustiges zu unterhalten, sie machten sehr vergnügte Gesichter.

Damani erklärte nicht viel, nahm nur etwas Proviant und ein paar Rupiah mit und versprach seiner Mutter, Onkel Soewaro Grüße auszurichten. Dann trat er vor seine Brüder und Onkel Joko hin und sagte grinsend, dass sie nun ein paar Tage auf Streitereien mit ihm verzichten müssten und er sie deswegen sehr bedaure.

»Wir bedauern dich auch.« Onkel Joko ging auf den scherzhaften Tonfall ein. »Immerhin musst du ja nun ohne unsere Antworten auskommen. Ob du das lange aushältst, wird sich zeigen.«

Damani lachte und bestieg sein Betjak. Beeindruckt fuhr Tadaki hinter ihm her. Er hätte auch gern eine Familie gehabt, die in einer Hütte lebte, Arbeit hatte und Zeitung las. Er ärgerte sich nun ein bisschen darüber, dass er vor diesem Onkel Joko solche Angst gehabt hatte. Wer so aussah wie dieser Onkel, hatte bestimmt Verständnis dafür, wenn einem das Lernen schwer fiel.

Immer weniger Hütten säumten die Straßen, die ersten Obst- und Blumenplantagen tauchten vor ihnen auf. Damani trat fest in die Pedale. Er wollte möglichst weit kommen, bevor es dunkel wurde. Tadaki blieb dicht hinter ihm. Eine seltsame Spannung hatte ihn gepackt. Was würde wohl alles passieren während der Flucht? Wohin würde sie ihn führen? Und würde sie gut ausgehen?

Die Dämmerung holte sie ein, kurz bevor sie die Straße nach Bogor erreicht hatten. Innerhalb von wenigen Minuten wurde es stockdunkel um sie herum. Aber jetzt machte das Damani nichts mehr aus. Er schaltete sein Licht an und begann laut vor sich hin zu pfeifen. Er schien nun richtig Lust auf die Fahrt zu haben.

Auch Tadaki schaltete sein Licht an. Im Gegensatz zu Damani beunruhigte ihn die Dunkelheit. Er war ja noch nie aus Jakarta herausgekommen, kannte die Umgebung der Stadt nur von den Postkarten her, die an den Kiosken aushingen. Alles war ihm fremd. Und die Dunkelheit um ihn herum machte es ihm noch fremder. Immer wieder blickte er sich nach den Lichtern der Autos um, die sie überholten. Vielleicht saß da der Dicke drin, der nun doch noch seine Spur gefunden hatte, oder irgendein anderer von Bah Bolongs Leuten.

Doch die Autos fuhren achtlos an ihnen vorüber, und ihre rot glühenden Rücklichter wurden schon bald wieder von der Dunkelheit geschluckt. Nur die riesigen Überlandbusse hupten laut beim Überholen, so, als hätten sie Angst, trotz ihrer Größe nicht bemerkt zu werden.

»Im nächsten Dorf übernachten wir«, rief Damani Tadaki endlich zu. »Jetzt sind wir weit genug weg.«

Tadaki nickte erleichtert. Er war müde, und das Fahren in der Dunkelheit strengte an.

Es war ein kleines Dorf, in dem Damani übernachten wollte. In den Hütten brannten Öllampen, und in den Ställen scharrten nur wenige Tiere. Ein Geruch nach Gemüsereis und Schmorfleisch lag in der Luft, und ab und zu drangen Wortfetzen zu den beiden Jungen.

Leise fuhren sie um das Dorf herum, bis sie ein Wäldchen gefunden hatten. Dort stellten sie ihre Betjaks mit den Kundensitzen einander gegenüber und setzten sich hinein.

Nun war es so still, dass es Tadaki beinahe unwirklich erschien. In Jakarta war immer irgendein Geräusch zu hören, gab es keine Minute, in der nicht irgendwo ein Auto hupte. Hier war alles totenstill. Nur selten rief ein Vogel, raschelte es in den Büschen oder drang ein Geräusch vom Dorf herüber. Und es war eine dunkle Nacht, immer wieder schoben sich Wolken vor den Mond.

»Hier!« Damani reichte Tadaki etwas von dem Proviant, den er mitgenommen hatte, dann aßen sie schweigend.

Es war kalter, gebratener Fisch, den Damanis Mutter ihnen zugesteckt hatte, und etwas Brot. Es schmeckte gut, aber Tadaki kaute nur mechanisch.

»Wo hast du deinen Affen eigentlich her?«, fragte Damani plötzlich.

Tadaki begriff: Damani wollte ihn von seinen Gedanken ablenken. »Vater hat ihn gefunden«, antwortete er leise. »Dopo war damals noch sehr klein und ganz allein. Er wäre verhungert, wenn Vater ihn nicht mitgenommen hätte. Als ich auf die Welt kam, war er schon da.«

»Also ist Dopo so was wie dein Bruder?«

Tadaki konnte es nicht sehen, dazu war es zu dunkel, aber er wusste, dass Damani lächelte. Er jedoch musste bei »Bruder« sofort an Massari denken. Wenn Massari wüsste, was er Mutter und ihm angetan hatte, ob er sich wohl schämen würde? Ob er einsah, dass er damit alles nur noch schlimmer gemacht hatte? Er war nun nicht mehr wütend auf den Bruder, hatte nur noch Mitleid mit ihm.

Ein Vogel schrie laut. Tadaki zuckte zusammen.

»Ein Lockruf«, sagte Damani. »Er sucht sein Weibchen.«

»Woher weißt du das?«

»Ich war früher oft auf dem Land. Vater kommt ja vom Dorf.

Ich finde es auf dem Land auch viel schöner als in der Stadt. Es müsste hier nur mehr Arbeit geben.«

Viele Familien zogen nur wegen der Arbeit in die Stadt. Tadaki hatte schon davon gehört. Sie glaubten, in der Stadt wäre das Leben leichter. Aber waren sie erst mal da, sahen sie bald, dass es oftmals noch viel schwerer war als auf dem Land.

»Deine Familie hat viel Vertrauen zu dir«, begann Tadaki leise. »Sie haben dich nicht mal gefragt, weshalb du fortgehst.«

»Das ist bei uns so üblich. Wenn es anders wäre, wäre es falsch.«

Tadaki schwieg wieder. Ja, eine Familie hielt zusammen. Aber wenn einer in der Familie tat, was Massari getan hatte, war es schwer, dem anderen noch beizustehen.

Auch Damani sagte nichts mehr. Erst als Tadaki sich schon im Kundensitz ausgestreckt und die Augen geschlossen hatte, machte er wieder den Mund auf. »Weißt du, dass wir beide nun auch zu Dieben geworden sind?«, fragte er in die tiefe Stille hinein.

»Wir?«, staunte Tadaki.

»Denk mal an die Betjaks!«

Die Betjaks – natürlich! Sie gehörten ihnen ja nicht. Sie gehörten Tung Ho. Wenn sie mit ihnen davonfuhren und keine Miete mehr zahlten, war das Diebstahl. Tadaki setzte sich wieder auf und sah zu Damani hinüber. »Was sollen wir denn jetzt tun?«

»Nichts.« Damani blieb gelassen. »Tung Ho wird wegen der zwei Klappergestelle nicht die ganze Stadt verrückt machen. Und ein schlechtes Gewissen brauchen wir nicht zu haben. Ich hab für mein Betjak inzwischen schon so viel Miete zahlen müssen, dafür hätte ich zwei kaufen können. Und für dein Betjak hat Massari gezahlt.«

Damani sprach Massaris Namen so gleichgültig aus… »Was meinst du?«, fragte Tadaki leise. »Ist Massari ein schlechter Mensch?«

Damani überlegte einen Augenblick, dann sagte er: »Ja und nein. Anderen geht es genauso dreckig, und sie tun trotzdem nicht, was er getan hat. Aber wäre es ihm nicht so dreckig gegangen, hätte er das nie getan.«

Tadaki legte sich wieder zurück und sah zum Mond hoch, vor den sich gerade wieder eine dünne Wolke schob. Er hätte jetzt gerne eine Zigarette geraucht, aber Damani rauchte nicht und er selber hatte keine.

»Wir müssen schlafen.« Damani rollte sich in dem für ihn viel zu kurzen Kundensitz zusammen. »Morgen haben wir eine weite Fahrt vor uns. Da musst du wach sein.«

Tadaki schloss die Augen, war aber noch nicht müde. Er stellte sich Mutter vor, wie sie neben Jatos Feuer hockte, nun ganz allein, ohne Vater, ohne Massari, ohne Zora, ohne ihn. Dann sah er Massari vor sich, wie er sich in irgendeinen dunklen Winkel verkrochen hatte; danach Tung Ho, wie er hinter seinem Schreibtisch saß und ihn böse anguckte. Zum Schluss sah er sich selbst, sah, wie er das Geld vergrub und durch die Straßen fuhr – den kleinen Mann im Kundensitz und den dicken Autofahrer hinter sich. Irgendwann vermischten sich die Bilder mit einem der vielen Alpträume, die ihn seit Zoras Tod und den beiden Morden immer öfter bedrängten. Er wurde verfolgt und wollte um Hilfe rufen. Doch wenn er den Mund aufmachte, bekam er keinen Ton heraus … Mitten in diesem Traum wachte er auf und wischte sich den Schweiß von der Stirn. Es war Angstschweiß, denn die Nacht war nicht heiß.

Er richtete sich auf und lauschte. Hatte es nicht eben irgendwo geraschelt? Da, wieder! Irgendein Nachttier huschte um sie herum… Es war nun so still, dass ihm dies Geraschel übernatürlich laut vorkam. Kein Vogel schrie mehr, und auch aus dem Dorf drang kein Geräusch zu ihnen.

»Schläfst du?«, fragte Tadaki leise.

»Ja«, knurrte Damani. Doch dann lachte er. »Jedenfalls meine Beine sind eingeschlafen.«

Tadaki sah zu den Sternen hoch, die jetzt hell blinkten. Und auch der Mond war nun sehr hell; Wolken waren keine mehr zu sehen.

»Ob's hier Schlangen gibt?«, fragte er Damani.

»Na klar! Überall gibt's Schlangen. Aber die fahren nicht Betjak.«

Damani hatte Recht. Solange sie in ihren Sitzen lagen, mussten sie nichts befürchten.

»Daki?«

»Ja.« Es war das erste Mal, dass Damani ihn mit seinem Kosenamen ansprach.

»Ich hab über alles nachgedacht«, flüsterte Damani. »Ich bin mir nun ziemlich sicher, dass Bah Bolong und Tung Ho eine Person sind. Hat Massari dir nicht zu einem besseren Standplatz verholfen? Wie konnte er das, welche Beziehungen hat er denn da spielen lassen? Doch wohl nur die über Bah Bolongs Leute.«

Das war's! Damani hatte Recht. Aber musste er ihm das gerade jetzt sagen? Nun würde er überhaupt nicht mehr einschlafen können.

»Daki?«

»Ja.«

Damani richtete sich auf und beugte sich so weit zu Tadaki hinüber, dass er sein Gesicht sehen konnte. »Es ist nicht schlecht, dass wir das wissen«, flüsterte er. »Jetzt können wir ihm die Polizei auf den Hals hetzen.«

»Wem?«, fragte Tadaki erschrocken. »Tung Ho?«

»Wem denn sonst?«

Tadaki schwieg. Warum wollte Damani das tun? Es würde ihnen nur neuen Ärger bringen; dann mussten sie ja noch mehr Angst haben. »Und wenn er sich dafür an uns rächt?«

»Er darf uns eben nicht finden. Erst wenn er im Gefängnis sitzt, tauchen wir wieder auf.«

Wir, hatte Damani gesagt. Das hieß, er wollte die ganze Zeit über bei ihm bleiben…

»Und deine Familie?«

»Die läuft mir nicht weg.« Damani legte sich wieder in seinen Sitz zurück und schwieg einige Zeit. Dann sagte er: »Wir können doch nicht zulassen, dass dieser Gangster ungeschoren davonkommt. Solche wie Massari, die erwischt die Polizei irgendwann, aber die Bah Bolongs rührt keiner an, die machen lustig weiter – Massaris gibt's ja genug.«

Damani hatte Recht. Es wäre nicht in Ordnung, wenn Massari bestraft würde und dieser Bah Bolong nicht… Und war das nicht seine einzige Hoffnung? Wie sollte er denn sonst jemals nach Jakarta zurückkehren?

»Und wie willst du das machen?«

»Ganz einfach – wir schreiben einen Brief. An die Polizei. Tung Ho ist Bah Bolong, schreiben wir. Wenn die Polizei Tung Ho überprüft, wird sie schon merken, dass es stimmt.«

»Und wenn es doch nicht stimmt?«

»Dann haben wir nicht mehr zu befürchten als jetzt. Wir unterschreiben den Brief ja nicht – und der Poststempel hilft ihnen nicht weiter. Bogor ist kein Dorf, da können sie lange suchen.«

Was Damani vorschlug, gefiel Tadaki. Vor allem, weil der Freund nun bis zur Rückkehr nach Jakarta bei ihm bleiben wollte. Das war besser, als sich irgendwo allein versteckt zu halten. Mit Damani war er sicher.

»Bist du einverstanden?«, flüsterte Damani.

»Ja«, flüsterte Tadaki zurück, und ein kleines bisschen Stolz kam in ihm auf: Endlich wehrte er sich, endlich ließ er sich nicht mehr alles gefallen. Wenn er es auch nur gemeinsam mit Damani tun konnte, so machte er doch mit.

»Gut. Jetzt müssen wir aber wirklich schlafen. Sonst hängen wir morgen früh wie nasse Lappen im Sattel.«

Damani lachte leise und Tadaki lachte mit. Er verspürte es ebenfalls, dieses kitzlige Gefühl der Aufregung, das in Damanis Lachen mitschwang. Es war etwas anderes, ob man immer nur gejagt wurde oder selber mal der Jäger war.

Das Seil

Irgendwann in dieser Nacht schliefen Tadaki und Damani dann endlich ein. Aber sie schliefen nicht lange. Mit dem ersten Sonnenstrahl erwachte im Dorf das Leben; Kindergeplärr, Eimergeklapper und Ziegengemecker drangen zu ihnen hin.

Nicht weit von dem Wäldchen, in dem sie geschlafen hatten, war ein kleiner Bach. Sie machten sich frisch, tranken von dem Wasser und aßen die letzten Proviantreste. Dann bestiegen sie wieder die Betjaks.

»So!«, rief Damani unternehmungslustig. »Jetzt wollen wir mal sehen, wer König ist.«

Es war ein schöner, frischer Morgen, durch den die beiden Jungen fuhren. Zwar waren jetzt einige Busse und PKW mehr unterwegs als am Abend zuvor, aber gegen den Stadtverkehr in Jakarta war das so gut wie nichts. Es war ein leichtes Fahren, obwohl die Straße immer weiter sanft anstieg und nur selten mal abfiel.

Die erste Zeit steckte Tadaki noch der Schlaf in den Knochen. Er hatte Mühe, nicht allzu weit hinter Damani zurückzubleiben. Dann wurde er immer wacher, immer munterer und verspürte Lust auf diesen Wettkampf. An den Steigungen konnte Damani jedes Mal einen neuen Vorsprung herausfahren, ging es bergab, schloss Tadaki in wilder Talfahrt wieder zu ihm auf.

Sie fuhren an Reisterrassen vorüber, kleinen Waldflecken

und Obstplantagen. Sie durchquerten belebte Dorfstraßen, überholten Lastenträger und Ochsenkarren, Limonaden-verkäufer und Wasserträger und wurden selbst immer wieder von schrill hupenden Autos überholt, die ihnen ihre Abgase entgegenpusteten, bevor sie hinter dem nächsten Hügel verschwanden.

Erst gegen Mittag, als die Hitze ihren Höhepunkt erreicht hatte, machten sie Rast. Es war in der Nähe einer kleinen Stadt. Sie legten sich am Straßenrand ins Gras und verschnauften. Zu essen hatten sie nichts mehr, aber das war nicht schlimm, viel schlimmer war der Durst. Aus dem Fluss, der durch die kleine Stadt floss, konnten sie nicht trinken; er war zu schmutzig. Und Geld ausgeben wollten sie keins. Das würden sie später noch benötigen.

»Im nächsten Dorf gibt es einen Brunnen«, versprach Damani. »Dort können wir trinken.«

»Wie weit ist es noch bis Bogor?»

»Ungefähr noch mal so weit.«

»Und wo ist die Wettfahrt zu Ende?«

»Am Ortsschild.«

»Gut.« Tadaki stand wieder auf »Von mir aus kann's weitergehen.«

Sie fuhren weiter, und nachdem sie sich im nächsten Dorf erfrischt hatten, wurde es ernst. Tadaki fuhr als Erster weg und hatte schon bald einen größeren Vorsprung herausgefahren. Aber dann, kurz vor Bogor, schoss Damani plötzlich heran. Tadaki strampelte sich ab, wollte sich nicht überholen lassen; trat, was die Beine hergaben. Doch Damani war schneller, schoss an ihm vorüber und in Richtung Bogor davon. Tadaki gab auf und fuhr nur noch langsam hinterher.

Als er das Ortsschild endlich erreicht hatte, grinste Damani ihm schon entgegen.

Tadaki war nicht enttäuscht. »Warte nur«, sagte er, »noch ein halbes Jahr, und du hast mehr Mühe mit mir.«

»Die Strecke ist zu leicht.« Damani setzte sich an den Straßenrand und verpustete. »Ja, wenn wir bis Bandung fahren würden, über den Puntjak-Pass, das wäre eine echte Prüfung.«

»Von mir aus.« Tadaki war nun zu allem bereit. Er setzte sich neben Damani und streckte die müden Beine aus.

Damani sah ihn aufmerksam an. »Bandung wäre sowieso nicht schlecht. Bogor ist noch zu nah an Jakarta. Und Bandung ist viel größer als Bogor, da sind wir noch sicherer.«

Auch Tadaki hatte oft an ihren Plan gedacht. Was ihm in der Nacht so einfach erschienen war, empfand er bei Tageslicht ganz anders. Aber den Brief mussten sie schreiben: Erstens wegen Tung Ho und zweitens, weil er ja irgendwann wieder nach Jakarta zurückwollte. »Klar«, sagte er. »Fahren wir nach Bandung. Mir macht das nichts aus.«

»Dann müssen wir aber über den Puntjak-Pass«, gab Damani zu bedenken. »Der reicht bis in die Wolken. Das wird kein Spaß.«

Tadaki zuckte nur die Achseln. Je weiter weg sie waren, desto besser. Und wenn Bandung wirklich so viel größer war als Bogor, durfte es von ihm aus ruhig anstrengend werden.

»Na, dann los.« Damani zog Tadaki an den Händen hoch und setzte sich gleich wieder in den Sattel.

Es war nicht mehr weit bis zu Onkel Soewaro. Sie mussten nur noch ein paar hundert Meter fahren, dann standen sie vor seiner Hütte. Damani schob sein Betjak vor die kleine

Veranda und begrüßte eine junge Frau, die gerade Wäsche wusch. »Guten Tag, Tante Suryo«, sagte er. »Erkennst du mich noch?«

Die Frau drehte sich um und freute sich. »Aber ja, du bist Damani, Soewaros Neffe! Kommt und setzt euch. Ihr habt doch sicher Hunger?«

»Und wie!«, sagte Damani. »Wir können drei Walfische verdrücken, zehn Ochsen und ein Reisfeld.«

Tante Suryo musste lachen. »So viel haben wir nicht, aber vielleicht reicht es trotzdem.« Sie nickte auch Tadaki freundlich zu und verschwand in dem kleinen Schuppen hinter der Hütte, um Damanis Onkel zu holen.

Onkel Soewaro war etwa dreißig Jahre alt, hatte breite Schultern und sehr kräftige, von den Handgelenken bis zum Rücken hinauf tätowierte Arme. Er war sechs Jahre lang zur See gefahren und arbeitete jetzt in Bogor als Maschinist. Als er Damani sah, boxte er ihm zärtlich in die Seite. »Du wirst ja immer länger, bist ein richtiger Wolkenkratzer. »Dann setzte er sich auf die Veranda, zog Tabak und Papier aus der Brusttasche seines weit offenen Hemdes und begann, sich eine Zigarette zu drehen.

Damani setzte sich neben ihn, und Tadaki hockte sich auf den Stoß Reisig vor der Veranda. Es war nun schon später Nachmittag, die Sonne stand als roter Feuerball am Himmel und würde bald hinter den Bergen verschwunden sein.

»Rauchst du immer noch nicht?« Onkel Soewaro hatte seine Zigarette fertig und hielt Damani Tabak und Papier hin. Damani schüttelte den Kopf, aber Tadaki nahm beides dankbar an und drehte sich auch eine Zigarette, während Damani erzählte, weshalb sie aus Jakarta geflüchtet waren.

Onkel Soewaro hörte sich alles an und wiegte den Kopf. »Eine böse Geschichte! Aber ihr habt es richtig gemacht, gegen solche Gewalt ist unsereins machtlos. Es ist das Beste, ihr lasst euch einige Zeit in Jakarta nicht blicken.«

Damani war zufrieden mit dieser Antwort und berichtete von ihrem Vorhaben, bis Bandung weiterzufahren und von dort aus der Polizei einen Tipp zu geben.

Onkel Soewaro rauchte nachdenklich. »Meint ihr denn, die Polizei unternimmt was? Wenn ich ehrlich bin, muss ich sagen, dass ich nicht sehr viel Vertrauen zu diesem Verein von Trinkgeldkassierern habe. Die sind doch alle bestechlich, die denken doch nur an sich selbst.«

»Das weiß ich.« Damani zuckte mit den Achseln. »Aber was sollen wir denn sonst tun? Die Klappe halten? Wir können doch nicht zulassen, dass diese Bande ewig so weitermacht.«

»Du hast Recht«, sagte Onkel Soewaro, nachdem er einige Zeit überlegt hatte. »Man soll nicht immer alles nur schlucken. Aber versprecht euch nicht zu viel davon. Und vor allem: Seid vorsichtig! Bleibt lieber länger in Bandung als zu kurz. Vielleicht findet ihr ja auch Arbeit. Zwar nicht als Betjakfahrer – davon gibt es da mehr als genug –, aber vielleicht könnt ihr was anderes machen. In Bogor findet ihr garantiert keine Arbeit. Hier sieht es schlimm aus.« Er schüttelte bekümmert den Kopf und drückte seinen Zigarettenrest aus. Danach stand er auf und sagte feierlich: »Doch lassen wir das jetzt. Heute Abend und die Nacht seid ihr unsere Gäste. Mal sehen, was Suryo uns Schönes gekocht hat.«

Damanis Tante hatte wirklich was Schönes zubereitet: einen Reistopf mit Fisch, Fleisch und Gemüse. Und als Nachtisch gab es gebackene Bananen vom Holzkohlenfeuer, das Onkel Soewaro vor der Hütte entfacht hatte. Es schmeckte herrlich; Damani und Tadaki langten zu, als könnten sie auf Vorrat essen.

Nach dem Essen war es dunkel. Die Grillen zirpten laut, und irgendwo in weiter Ferne bellte ein Hund. Tadaki blickte in das langsam verglimmende Feuer und fühlte sich sehr wohl. Um das Damani mitzuteilen, lächelte er ihm zu. Aber auch Onkel Soewaro und Tante Suryo hatten dieses Lächeln gesehen. »Wie alt bist du denn?«, fragte Damanis Tante.

»Fast vierzehn«, antwortete Tadaki und wurde verlegen. Fast vierzehn war ja immer noch dreizehn.

»Wir wünschen uns auch Kinder«, sagte Onkel Soewaro ernst. »Kinder sind Zukunft.«

»Und wie viel Zukunft braucht ihr?«, fragte Damani spöttisch.

»Zwei oder drei«, antwortete Onkel Soewaro, den Spott überhörend, »eins ist uns zu wenig.«

»Ja«, sagte Tante Suryo zu Damani. »Einen Jungen und ein Mädchen mindestens möchten wir haben. Und die schicken wir dann zu dir, damit du sie unterrichtest. Du wirst ja bestimmt mal der zweite Onkel Joko.«

Onkel Soewaro lachte und auch Damani lachte. Aber dann, als Tante Suryo mit ihren Schüsseln und Töpfen wieder in der Hütte verschwunden war, fragte Onkel Soewaro Tadaki, was er denn mit Massaris Geld anfangen wolle. »Vergrabenes Geld ist totes Geld«, sagte er. »Man müsste was Sinnvolles damit tun.«

»Es gehört mir ja nicht«, wandte Tadaki ein.

»Es gehört dir nicht«, bestätigte Onkel Soewaro. »Aber warum soll es verfaulen, wenn du damit was Gutes tun kannst?

Den Leuten, denen das Geld mal gehört hat, kannst du es sowieso nicht wiedergeben, die sind tot. Und das Geld der Polizei abliefern, das hieße« – er schnippte laut mit den Fingern – »irgendeinem Beamten einen gemütlichen Lebensabend bereiten. Oder glaubst du etwa, er macht sich die Mühe, die Erben herauszufinden?«

Tadaki sah Damani an, aber Damani hörte nur interessiert zu.

»Deinem Bruder darfst du das Geld auf gar keinen Fall geben«, sagte Onkel Soewaro streng. »Es heißt zwar, Verwandtschaft ist ein Seil, das nicht mal nach dem Tode reißt, aber so weit darf die Bruderliebe nicht gehen.«

»Er wird es ihm nicht wiedergeben. Dafür sorge ich schon.« Damani machte ein Gesicht, als scherze er nur. Aber er meinte es ernst. Tadaki schwieg betroffen. Was Onkel Soewaro und Damani verhindern wollten, war genau das, was er vorgehabt hatte. Deshalb hatte er das Geld ja überhaupt nur vergraben.

»Entschuldige«, bat Onkel Soewaro. »Ich dachte mir schon, dass du kein schlechter Bruder bist. Aber denk mal drüber nach: Du könntest mit diesem Geld wirklich viel Gutes tun.«

»Was denn?«, fragte Tadaki leise.

»Oh, es gibt viele Möglichkeiten!« Onkel Soewaro wiegte den Kopf, als wunderte er sich selber über die vielen Möglichkeiten. »Darüber muss man nachdenken.«

»Das werden wir tun«, sagte Damani. »In Bandung. Da haben wir genügend Zeit.«

Onkel Soewaro nickte zufrieden, und dann erklärte er Damani noch mal genau den Weg: »Wenn ihr mit dem Auto unterwegs wäret, könntet ihr über Sukabumi fahren. Aber das ist ein Umweg von sechzig Kilometern. Also müsst ihr über den Puntjak-Pass. Der Puntjak aber ist ein Teufelsberg. Ihr müsst euch vorsehen. Oft kleben so dicke Wolken am Berg, dass ihr vor Nebel nicht mal die eigene Nasenspitze erkennen könnt.«

Damani versprach dem Onkel, vorsichtig zu sein, und bat ihn dann, ein bisschen von seiner letzten großen Fahrt zu erzählen.

Onkel Soewaro ließ sich nicht lange bitten. Seine letzte große Fahrt hatte er mit der Surabaya gemacht. Sie hatte ihn um die halbe Welt geführt. Er wusste viel zu erzählen, von Australien, Mexiko und dem Panama-Kanal.

Es war schon sehr spät, als Damani und Tadaki endlich schlafen gingen. Aber es lag nicht nur an den weichen Matten, die Onkel Soewaro für sie ausgebreitet hatte, dass Tadaki in dieser Nacht zum ersten Mal seit langem wieder tief und ruhig schlief. Es war vor allem das satte Gefühl im Bauch und die Freundlichkeit, die ihn umgab. Nur was Onkel Soewaro von dem Seil gesagt hatte, beunruhigte ihn noch: Damanis Onkel hatte ja Recht, dieses Seil gab es wirklich.

Der Teufelsberg

Als Damani und Tadaki am nächsten Morgen erwachten, war Onkel Soewaro schon zur Arbeit gegangen. Tante Suryo brachte ihnen ein Frühstück und zwei Tüten mit Proviant für die Weiterfahrt. Und als die beiden Jungen, nachdem sie gefrühstückt und sich frisch gemacht hatten, wieder aufbrachen, wünschte sie ihnen viel Glück.

Tadaki schien es, als lächelte sie ihm dabei besonders aufmunternd zu. Aber vielleicht wünschte er sich das nur. Er hatte noch nie eine so freundliche junge Frau kennen gelernt wie diese Tante Suryo.

Sie mussten zuerst durch die Stadt hindurch, um auf die Straße nach Bandung zu kommen. Es war eine schöne, wenn auch nur kleine Stadt, in der Onkel Soewaro und Tante Suryo lebten. Und sie war rundum von Bergen umgeben. Das gefiel Tadaki besonders.

Damani spottete über seine Begeisterung. »Die Berge gefallen dir? Warte nur ab, sie werden dir schon noch wehtun.«

Damani hatte nicht übertrieben. Kaum hatten sie die Landstraße nach Bandung erreicht, stieg der Weg auch schon steil an. Und Bergabfahrten, die Ruhepausen bedeuteten, gab es nur selten. Immer höher hinauf schlängelte sich die Straße, nach jeder Kurve lag ein neuer Anstieg vor ihnen. Selbst wenn Damani und Tadaki ihre Wettfahrt hätten fortsetzen wollen, sie hätten es nicht gekonnt. Immer öfter mussten sie aus dem Sattel, um die steilen Anstiege hochzukommen, immer öfter mussten sie verschnaufen, bevor sie weiterfuhren.

Erst gegen Mittag hatten sie die Hochebene erreicht. Nun ging es etwas sanfter bergauf und nur noch zwischen Teeplantagen und Reisterrassen hindurch; Hütten und Dörfer sahen sie kaum noch.

Trotz der Mittagshitze war die Fahrt durch die Hochebene eine richtige Erholung für Tadaki. Tief atmete er die würzige Bergluft ein und verspürte schon bald eine so gute Laune wie lange nicht mehr. »Hallo!«, schrie er laut in die Ebene hinein. »Haaaloo!« Und dann: »Juhuu! Wir sind allein auf der Welt! Sie gehört uhuns! Niemand kann sie uns wegnehmen!«

Damani lachte über ihn. Und als Tadaki während ihrer Mittagsrast in einem der Bewässerungskanäle der Reisfelder ein Bad nahm, ließ er sich von seiner guten Laune anstecken, zog sich aus und legte sich ebenfalls in das kühle, klare Wasser.

»Hier müssten wir bleiben«, träumte Tadaki laut. »Eine kleine Hütte nur für uns beide und ein kleiner Garten, damit wir was zu essen haben. Hier würde uns niemand finden.«

»Und in der Regenzeit werden wir dann weggespült.« Damani stieg aus dem flachen Wasser, schüttelte sich, dass es spritzte, und ließ sich in der Sonne trocknen.

Tadaki blieb noch ein bisschen im Wasser liegen und sah sich um. Eine so schöne Welt war das hier oben! Und Mutter hatte sie nie gesehen, auch Jato nicht und Massari nicht. Und Zora sowieso nicht. Es war ein richtiges Glück, dass er das alles zu sehen bekam; mitten im Unglück hatte er noch Glück.

»Komm essen!« Damani machte sich an Tante Suryos beiden Tüten zu schaffen. »Das Schlimmste haben wir noch vor uns. Ich möchte nicht im Dunkeln über den Puntjak-Pass. Im Dunkeln ist er wirklich ein Teufelsberg.«

»Wohnt da der Teufel?«, fragte Tadaki im Spaß, während er aufstand und sich ebenfalls schüttelte. »Ein böser Dämon? Oder eine Hexe?«

»Vielleicht alle drei.« Damani reichte Tadaki einen von den kalten Fleischspießen, die Tante Suryo ihnen mitgegeben hatte. »Auf jeden Fall bin ich froh, wenn wir den Pass hinter uns haben.«

»Wir können ja den anderen Weg nehmen«, schlug Tadaki vor.

»So schlimm ist es nun auch wieder nicht.« Damani trank Wasser aus dem Bewässerungskanal und bestieg wieder sein Betjak. »Ich will nur nicht im Dunkeln fahren.«

Tadaki steckte sich den Fleischspieß in den Mund, zog Hemd und Hose über und fuhr hinter Damani her.

Zuerst ging die Fahrt weiter durch die Ebene, jedem lang gezogenen Anstieg folgte eine genauso lange Bergabfahrt. Dann wurde der Weg wieder steiler und die Abfahrten seltener, bis es nur noch bergan ging. Immer öfter mussten sie aus dem Sattel, Gelegenheiten zu verschnaufen gab es nicht mehr. Tadaki spürte seine Beine schwer werden, doch Damani drängte zur Eile. »Gleich wird's noch steiler«, sagte er. Und er hatte Recht: Bald führte der Weg so steil nach oben, dass sie absteigen und die Betjaks schieben mussten. Selbst die Autos, die an ihnen vorüberfuhren, hatten zu tun, den Berg hochzukommen. Ihre Motoren dröhnten laut, wenn sie Damani und Tadaki überholten.

Immer beunruhigter sah Damani zur Sonne hoch. Wenn sie erst hinter den Bergen verschwunden war, würde schnell die Dämmerung hereinbrechen und alles um sie herum dunkel werden. Bis dahin mussten sie den Pass erreicht haben.

Sie gaben sich Mühe, verschnauften nicht, fuhren ohne Unterbrechung bergan, aber sie schafften es nicht. Und als wollte der Himmel sie verhöhnen, zogen auch noch Wolken heran und setzten sich am Berg fest. Rings um den Gipfel klebten sie.

Während die Ebene noch vom Sonnenschein gewärmt wurde, war hier oben nun alles nur noch eine einzige graue, kalte und feuchte Masse. Näherte sich ihnen ein Auto, sah Tadaki, der hinter Damani fuhr, die Scheinwerfer immer erst, wenn er das Motorengeräusch schon lange zuvor gehört hatte und der Wagen dicht hinter ihm war. Dann rief er Damani jedes Mal eine Warnung zu, und sie fuhren mit ihren Betjaks so weit es ging nach links an den Straßenrand heran, um dem Wagen genügend Platz zu lassen, sie zu überholen.[*] Das war gefährlich, denn links von ihnen gähnte der Abgrund; ein Schlenker zu viel und sie stürzten ab.

Tadakis gute Laune war nun endgültig dahin. Sie hätten doch lieber den anderen Weg nehmen sollen. Lieber einen Tag länger fahren, als sich so in Gefahr zu bringen.

Mit Einbruch der Dämmerung wurde der Nebel dann immer grauer, immer undurchdringlicher. Um Damani noch erkennen zu können, musste Tadaki fast Rad an Rad hinter ihm herfahren. Wenn er nicht aufpasste, stieß er mit ihm zusammen. Das machte das Treten noch mühevoller, immer öf-

---

[*] In Indonesien herrscht Linksverkehr.

ter zitterten seine Beine vor Anspannung, immer öfter hatte er den Wunsch, stehen zu bleiben und auszuruhen.

Aber Damani blieb stur, tröstete ihn nur: »Wenn wir oben sind, machen wir eine lange Ruhepause. Wir haben ja noch Fleischspießchen von Tante Suryo. Und in der anderen Tüte ist kalter Reis mit Trockenfisch.«

Irgendwann, als der Nebel schon schwarzgrau war, erreichten sie den Pass dann endlich. Keuchend und froh, es geschafft zu haben, standen sie auf dem Parkplatz vor dem großen Ferien-Hotel, aßen die letzten Fleischspieße und etwas von dem Reis mit Trockenfisch. In dem Hotel brannten Lichter, die durch den Nebel hindurch mehr zu ahnen als zu erkennen waren. Ein feuchtkalter Wind fegte über den Pass und es wurde immer dunkler. Je länger sie standen und sich ausruhten, desto jämmerlicher froren sie in ihren dünnen Hemden. Schnell stiegen sie wieder in die Sättel und fuhren weiter.

Nun ging es nur noch bergab, die Beine konnten ausruhen. Für kurze Zeit besserte sich Tadakis Laune. Dann aber merkte er, dass die Abfahrt noch gefährlicher war als die Auffahrt. Es war ja nun so dunkel, so finstergrau um sie herum, dass sie überhaupt nichts mehr sehen konnten. Und ihre Betjaks wurden so schnell, dass er ständig bremsen musste, um Damani nicht ins Hinterrad zu fahren. Wenn aber Damani plötzlich bremste, fuhr er doch auf, obwohl Damani ihn jedes Mal laut warnte. Wenn er den Ruf hörte, war es schon zu spät.

»Du musst weiter zurückbleiben«, schimpfte Damani. »Sonst fährst du mir noch das Hinterrad kaputt.«

Tadaki blieb zurück, blieb weit zurück. Damani war in keiner guten Stimmung. Er gab sich die Schuld an diesem waghalsigen Abenteuer. Weil er der Ältere und Klügere war, schämte er sich dafür, sie in diese Situation gebracht zu haben.

War der Abstand schon zu groß? Tadaki nahm den Fuß von der Bremse und fuhr wieder etwas schneller. »Damani?«, fragte er leise.

»Was ist denn?«

Damani war noch dicht vor ihm. Tadaki atmete auf, aber dann fragte er doch: »Wollen wir nicht lieber warten?«

»Wo denn?«, fragte Damani zurück. »Etwa hier? Am Abgrund? Und wie lange? Die ganze Nacht?»

Ein Auto näherte sich in langsamer Fahrt. Tadaki sah nur die blassen Scheinwerfer im Nebel und bremste heftig. Was, wenn der Fahrer sie zu spät sah?

Das Auto fuhr vorbei und Damani schimpfte laut: »Verfluchter Misthund! Hat der denn keine Augen im Kopf?«

Der Autofahrer hatte ihn fast gestreift, so dicht war er an ihm vorübergefahren. Aber Damani hatte auch Schuld. Tadaki hatte es deutlich gesehen, er war kaum ausgewichen. Doch das sagte er ihm jetzt lieber nicht.

Es wurde noch steiler, immer öfter bremste Damani erst im letzten Moment – und immer öfter fuhr Tadaki auf ihn auf.

»Verflucht! Hab ich dir nicht gesagt, du sollst zurückbleiben?«, schimpfte Damani.

»Aber dann weiß ich nicht mehr, wie weit du schon von mir weg bist«, verteidigte sich Tadaki.

»Trotzdem darfst du nicht mein Betjak kaputtfahren. Ich sag dir schon rechtzeitig, wenn du aufpassen musst.«

Tadaki blieb weiter zurück, lauschte nur noch auf die Geräusche, die Damanis Betjak machte, und auf seine Warnrufe wie »Achtung! Kurve!« oder »Pass auf! Halte dich rechts«. Vor Anspannung und Aufregung geriet er ins Schwitzen. Er versuchte sich auszumalen, wie sie, wenn erst wieder die Sonne schien, über dieses Abenteuer lachen würden. Aber es gelang ihm nicht, zu groß war die Anspannung.

Mitten in diese Gedanken hinein hörte er Damani plötzlich überrascht aufschreien – und danach ein lautes Poltern und Prasseln. Hart trat er den Rücktritt.

»Damani?«

Keine Antwort. Nur weit entfernte Kollergeräusche drangen aus dem Nebel zu ihm.

»Damani!« Das Entsetzen über das, was da vor ihm passiert sein musste, würgte ihm im Hals. Nur mühsam bekam er den Namen heraus. Und dann geriet er in Panik. »Damani!«, schrie er laut. »Sag doch was! Bitte, sag was!«

Doch aus dem Nebel kam keine Antwort. Und nun waren auch die letzten Kollergeräusche verklungen. Stille, nichts als tiefe Stille war um Tadaki. Wie betäubt starrte er in die grauschwarze Finsternis hinein. Er konnte, er wollte nicht glauben, was da Unfassbares geschehen war.

Wieder und wieder rief er den Namen des Freundes, mal laut fordernd, mal leise bittend. Aber er wusste längst, dass er keine Antwort mehr bekommen würde. Er rief nur noch gegen die Stille an, gegen diese schreckliche Stille um ihn herum.

Damani war abgestürzt. Und er musste tief hinabgestürzt sein, die Kollergeräusche waren von sehr weit unten gekommen. Wenn es überhaupt noch irgendeine Hoffnung gab, dann nur die, dass er sich im Gestrüpp verfangen hatte und nur deshalb nicht antwortete, weil er ohnmächtig geworden war.

Vorsichtig stieg Tadaki vom Betjak, bückte sich und tastete den Felsboden unter sich nach Steinen ab. Nur kurz kam ihm der Gedanke, dass er zwischen den Pflanzen Schlangen aufschrecken könnte, dann suchte er weiter und schob einige größere Steine vor die Betjakräder, bevor er sich mit den Füßen vorsichtig etwas weiter nach vorn tastete. Dicht am Abgrund stehend, lauschte er dann weiter in die Richtung, aus der die Kollergeräusche gekommen waren. War da vielleicht ein Stöhnen zu hören? Oder ein anderes Lebenszeichen? – Nein. Da war nichts mehr zu hören, nichts als die laute Stille um ihn herum. Er spürte, wie ihm die Tränen kamen, und ließ sie rinnen. Was sollte er nun tun? Er konnte in diesem dichten Nebel doch nicht nach Damani suchen. Er würde sich ja nur selbst in Gefahr bringen... Und wie sollte er ihn denn auch finden? Er war hilflos, schrecklich hilflos. Nur Vorwürfe konnte er sich machen. Warum hatten sie nicht besser aufgepasst? Wieso hatten sie nicht doch gewartet, bis es wieder hell wurde? Was wäre denn an dem bisschen Frieren so schlimm gewesen...

Tadaki stand lange so da, starrte in die Finsternis hinein und konnte es nicht fassen. Es war zu ungeheuerlich, zu ungerecht, was da geschehen war. Schließlich klammerte er sich an der Hoffnung fest, dass Damani irgendwo im Gestrüpp hing und er ihn am Morgen vielleicht retten konnte, und er beschloss abzuwarten. Langsam tastete er sich zu seinem Betjak zurück, setzte sich in den Kundensitz, zog die Beine vor die Brust und schlang die Arme um die Beine.

Mutters Gott, der alle Schicksale vorbestimmte und gegen

den man sich nicht auflehnen durfte – gab es ihn wirklich? Und wenn ja, was hatte er gegen sie? Warum bestrafte er ausgerechnet Damani?

Lag es an ihm? War er es, der allen Unglück brachte? Verzweifelt schloss er die Augen und legte den Kopf auf die Arme. Er wollte nicht mehr nachdenken, aber die Gedanken verließen ihn nicht. Immer wieder sah er Damani vor sich, hörte er seine letzten Worte – und dann dieses laute Poltern und Prasseln…

Ein kurzer Tag

Es wurde eine unendlich lange Nacht. Tadaki saß in seinem Kundensitz, fror und zitterte, und ihm war innerlich so leer zu Mute, als würde es nie wieder Morgen werden. Immer öfter blickte er in jene Richtung, von der er vermutete, dass dort bald die Sonne aufgehen musste, und schloss dann wieder die Augen. Aber nicht um zu schlafen, schlafen konnte er nicht, nur um nicht weiter in diese Finsternis hineinstarren zu müssen. Die grauschwarze Nebelwand machte ihn so hilflos. Sie verbarg ihm eine schreckliche Wahrheit – und ließ ihm ein Fünkchen Hoffnung. Und das war das Schlimmste: Der Gedanke daran, dass Damani vielleicht nur ein paar Meter von ihm entfernt im Gestrüpp lag und er ihm nicht helfen konnte.

Manchmal hörte Tadaki ein Geräusch. Dann fuhr er auf und lauschte angestrengt. Und er stellte sich vor, wie Damani sich vielleicht gerade den Berg hochkämpfte. Aber er rief ihn nur noch leise; er hatte nun Angst davor, Damanis Namen laut in die Stille hineinzurufen.

Rief er, verstummten die Geräusche sofort. Es waren vorsichtige Lebewesen, die da im Nebel auf der Jagd waren. Manchmal aber betrog Tadaki sich selbst, da wollte er etwas gehört haben, um hoffen zu dürfen.

Eine Zeit lang hoffte er auch, dass irgendwann ein Auto kommen würde, das er anhalten konnte, um von dem Vorfall zu berichten.

Dann wäre er wenigstens nicht mehr so allein mit dem, was geschehen war. Doch es kam kein Auto mehr – die ganze Nacht über nicht. Es war zu riskant, im dichten Nebel die Passabfahrt zu wagen; die Autofahrer waren klüger als sie.

Als der Nebel dann endlich heller wurde, war Tadaki steif gefroren. Er hatte auch nichts unternommen, um sich zu wärmen, hatte keine Kniebeugen gemacht oder sich irgendwie anders bewegt. Ihm war alles egal gewesen. Erst jetzt begann er wieder zu hoffen.

Er stand auf, schlug sein Wasser ab und blieb gleich stehen, sah zu, wie sich der Nebel immer mehr verzog. Schon bald konnte er ein paar Meter weit sehen und entdeckte, dass kein Busch und kein Felsgestein ihn vom Abgrund trennte. Nur wenige kleine und windschiefe Bäume standen rechts und links, vor ihm war alles frei und immer noch grau.

Er fror wieder und legte sich in seinen Kundensitz. Zum ersten Mal legte er sich hin in dieser Nacht und schloss die Augen. Mutlos und erschöpft von der langen, durchwachten und durchfrorenen Nacht, fielen ihm die Augen zu, und er schlief für kurze Zeit ein. Mitten im Schlaf aber war plötzlich alles wieder da. Er fuhr auf und sah sich wie geblendet um.

Der Nebel war fort, die Sonne schien. Der Himmel war klar und blau, und nur wenige Wölkchen waren zu sehen. Schnell trat er an den Bergabhang, blickte nach unten und erschrak: Es war ein sehr tiefer und sehr steiler Abgrund, vor dem er stand. Weit unter ihm lagen Reisterrassen, Teeplantagen, Palmenhaine. Kein Busch war da, kein Baum, der Damanis Sturz hätte auffangen können. Er wollte weinen, aber seine Empörung war größer als der Schmerz. Weshalb hatte gerade gestern ein solcher Nebel sein müssen? Wofür wurde

Damani so bestraft? Und er mit ihm, denn es war ja seine Schuld, dass Damani nicht mehr lebte; ganz allein seine Schuld. Er hätte ihn nicht in diese Geschichte mit hineinziehen dürfen, hätte einfach zur Polizei gehen und sagen müssen: »Bitte schön, hier ist das Zeug. Und jetzt lasst mich alle in Ruhe.«

Weil er Massari nicht enttäuschen wollte, hatte er es nicht getan. Nur deshalb. Und nur deshalb hatte er fliehen müssen. Aber nicht Massari hatte ihn auf dieser Flucht begleitet; Damani hatte zu ihm gehalten.

Tadaki blickte wieder in die Ebene hinab, die nun ein so friedliches Bild bot. Irgendwo tief dort unten musste Damani liegen. Vielleicht würden die Reisbauern ihn finden, wenn sie auf die Felder hinauszogen. Oder die Teepflücker… Doch durfte er darauf vertrauen? Nein. Er musste die Polizei benachrichtigen. Gleich im nächsten Ort musste er die Polizei benachrichtigen. Sie mussten Damani suchen und nach Hause bringen, zu seiner Familie… Das war das Einzige, was er nun noch für Damani tun konnte – und das Mindeste, was er tun musste.

Wie im Fieber bestieg Tadaki sein Betjak und fuhr in Richtung Bandung weiter. Er trat fest in die Pedale, raste den Berg hinunter und geriet in manchen Kurven bedenklich ins Schleudern. Doch das schreckte ihn nicht; im Gegenteil, die Gefahr, in die er sich brachte, machte ihn auf eine böse Weise zufrieden. So, als wäre das nur gerecht, wenn ihm jetzt etwas passierte.

Nun begegneten ihm auch wieder Autos, Pkw mit Männern drin oder ganzen Familien, Busse, voll beladene Lkw und das eine oder andere Motorrad. Sie überholten ihn oder kamen ihm entgegen. Er hielt keines an. Wozu sollte er das jetzt noch tun? Im nächsten größeren Ort würde es eine Polizeistation geben. Es war besser, gleich dorthin zu fahren. Helfen konnte Damani sowieso keiner mehr.

Es kam kein Ort. Tadaki hatte die Ebene längst erreicht, die Sonne stand hoch und brannte, aber ein Ort mit einer Polizeistation kam nicht in Sicht. Und sollte er die Dörfler aufschrecken, die ihm unterwegs begegneten? Wie sollten sie ihm helfen? Nur Fragen würden sie ihm stellen, viele Fragen, und zum Schluss würden sie ihn weiterschicken.

Die Hitze machte ihn müde. Die lange, kalte Nacht im Betjak und nun die Hitze um ihn herum und die, die in ihm war. Ab und zu verschwamm alles vor seinen Augen, nur noch mühselig trat er in die Pedale – und dann ging es nicht mehr. Er hielt an, warf sich in das warme, hohe Gras zwischen ein paar Orangenbäumen und schloss die Augen. Und dann sah er Bilder vor sich: rote, grüne, blaue Kreise und Punkte, die sich um- und übereinander drehten, grelle Farben, die sich ständig veränderten. Er versuchte, die Augen zu öffnen, doch da war er schon mitten in einem Traum. Die bunten Bilder wurden zu dunklen Schatten, gellendes Gelächter ertönte aus einem tiefen Schacht, Dämonen-Fratzen bedrängten ihn. Er schreckte auf, schlief aber, noch bevor er richtig wach war, wieder ein und träumte weiter beängstigendes Zeug.

Als er zum zweiten Mal erwachte, war es bereits später Nachmittag. Er richtete sich auf und sah sich um: Weit und breit kein Dorf, keine Stadt.

Ein Gefühl tiefster Einsamkeit überkam ihn. Er legte sich wieder hin, verbarg das Gesicht in den Armen und wäre am liebsten noch einmal eingeschlafen. Aber das ging nun nicht mehr. Er war jetzt wach – und damit war alles, was geschehen war, wieder da. Doch nun sah er seine Lage klarer als zuvor: Wenn er zur Polizei ging, musste er sagen, was Damani und ihn von Jakarta fortgeführt hatte, musste er von Tung Ho erzählen, von Bah Bolong, dem Geld und Massari. Alles würde herauskommen, und sicher würden die Polizisten ihn nach Jakarta zurückschaffen. Seine Angst vor Bah Bolong würde sie nicht interessieren.

Das aber hieß, dass alles umsonst gewesen war – Damanis Tod und ihr Plan, Tung Ho das Handwerk zu legen. Durfte er das zulassen? Musste er nicht allein weitermachen? Wer sagte ihm denn, dass die Polizisten Damani suchen würden? Warum sollte ihnen der Unfall eines unbekannten jungen Burschen aus Jakarta so wichtig sein, dass sie deshalb den ganzen Berg absuchten? Wie oft verschwand irgendwo ein Mensch und keiner kümmerte sich darum; am allerwenigsten die Polizei. Damani hatte ja keine reiche Familie hinter sich.

Er durfte sich nicht auf andere verlassen, er musste endlich selbst entscheiden. Was Damani vorgehabt hatte, war richtig gewesen. Er musste von nun an so handeln, als ob Damani noch bei ihm wäre. Dass er nicht schreiben konnte, spielte keine große Rolle. Er würde schon jemanden finden, der ihm half.

Entschlossen stand Tadaki auf und bestieg sein Betjak. Wenn er wieder in Jakarta war, würde er Damanis Familie besuchen und ihr alles erzählen; jetzt musste er weiterfahren. Er sah noch einmal zum Puntjak hoch, um dessen Gipfel schon wieder die ersten Wolken trieben, dann gab er sich einen Ruck und fuhr los, immer weiter in Richtung Bandung.

Nona Nona

Die Straße war jetzt eben, es fuhr sich leicht und Tadaki war ausgeruht. Trotzdem musste er sich anstrengen. Er war noch immer sehr niedergedrückt, fuhr nun allein in eine unbekannte Zukunft hinein. Nur der Hunger lenkte ihn von seinen Sorgen ab. Er zählte das Geld in seiner Tasche und rechnete aus, dass es für eine Woche reichte. Das beruhigte ihn ein wenig. In einer Woche konnte viel passieren. Als er durch ein Dorf kam, stieg er vor einem Warung[*] ab und verlangte eine Portion Reis.

Der Reiskoch, ein mittelgroßer Mann mit einem langen dünnen Schnurrbart, rührte kräftig in der dampfenden Pfanne und füllte etwas von dem Reis in eine Tüte. Dabei sah er Tadaki neugierig an. »Bist du von hier? Ich hab dich noch nie gesehen.«

»Nein.«

Eine Zeit lang sah der Reiskoch nur zu, wie Tadaki aß. Dann fragte er, während er weiter in seinem Reis rührte: »Und? Von wo bist du? Oder ist das ein Geheimnis?« Er zwinkerte Tadaki vertraulich zu.

»Aus Jakarta.« Tadaki blieb einsilbig. Dieser Reiskoch langweilte sich, das sah er ihm an. Er hatte wohl den ganzen Tag über nicht viel Kundschaft gehabt.

»Von so weit?« Der Reiskoch riss die Augen auf und sah fast

[*] Imbissstand

ehrfürchtig zu Tadakis Betjak hin. »Bist du über Sukabumi gekommen?«

»Über den Puntjak.« Wozu sollte er lügen?

Der schnurrbärtige Reiskoch vergaß seinen Reis. »Mit dem Betjak über den Puntjak? Ehrlich? Oder machst du nur einen Scherz?«

Tadaki schüttelte den Kopf. »Ich mache keinen Scherz.«

Der Reiskoch blieb misstrauisch. »Wie lange hast du denn dafür gebraucht?«

»Von Bogor bis hier zwei Tage. Von Jakarta aus drei.«

Nun glaubte er ihm. »Das war bestimmt kein Vergnügen, was?«

Tadaki sah den Reiskoch erst jetzt richtig an. »Sind da oben immer so viele Wolken?«

»Tagsüber nicht.« Der Reiskoch war froh, dass nun auch Tadaki Interesse an einem Gespräch zeigte. »Aber fast jede Nacht. Gestern soll es besonders schlimm gewesen sein. Ein Nebel, dicker als Reisbrei. Die Autofahrer haben fast alle im Hotel übernachtet, keiner wollte noch weiterfahren.«

Tadaki spürte, wie sich sein Herz zusammenkrampfte. Sollte er dem freundlichen Reiskoch erzählen, was passiert war? Aber dann musste er ihm alles sagen – und der Mann hinter der Reispfanne war ihm doch fremd.

»Ja, der Puntjak!« Der Reiskoch seufzte stolz. »Er ist wie ein Magnet. Wenn es Abend wird, zieht er jede Wolke an. Tut, als wollte er sich mit allen verheiraten. Aber morgens, wenn sie ihn eine Nacht lang gewärmt haben, schickt er alle wieder fort, um Platz zu haben für neue Bräute.« Er freute sich über seinen Vergleich und musste lachen.

Tadaki warf die leere Tüte in den dafür bereitstehenden

Karton, bedankte sich und bestieg wieder sein Betjak. Aber der Reiskoch hatte noch nicht genug geredet. »Wo willst du denn hin?«, fragte er und kam um seinen Stand herum, um Tadakis Betjak ein wenig näher zu betrachten.

»Nach Bandung.«

»In die Stadt der schönen Mädchen?« Der Reiskoch begann zu strahlen. »Ja, da fahren sie alle hin; aus dem ganzen Land wollen alle Männer nur nach Bandung.« Er kniff ein Auge zu. »Aber du? Du bist doch noch kein Mann? Was willst du denn dort? Etwa Betjak fahren?«

»Nein«, sagte Tadaki.

»Nun, das würde ich dir auch nicht raten. Deine Zulassung gilt ja nur für Jakarta. Du bekommst sonst Ärger.«

»Klar!«, sagte Tadaki nur noch, dann fuhr er weiter.

Inzwischen hatte bereits die Dämmerung eingesetzt; wie eine überreife Orange versank die Sonne hinter den Bergen. Tadaki fuhr gleichmäßig. Er hatte es nicht besonders eilig, und er wollte sich nicht allzu viel Zeit lassen; es war ihm egal, wann er in Bandung ankam. Als es ganz dunkel war, schaltete er sein Licht an und hielt sich noch weiter links als üblich. Zwar wurde er nur noch selten von Autos überholt, aber je weniger Autos unterwegs waren, desto schneller fuhren sie.

Irgendwann erreichte er eine kleine Stadt. Er fuhr durch nachtdunkle Straßen, sah mal hier, mal dort ein Feuer glimmen oder den schwachen Lichtschein einer Öllampe oder Glühbirne. Er hörte ferne Rufe, Hundebellen und leise Radiomusik und ihm wurde immer beklommener zu Mute. Er überlegte, ob er die Nacht in der Stadt verbringen sollte, fand aber keinen geeigneten Platz und fuhr weiter.

Hinter der Stadt war wieder alles finster, Tadaki musste

langsam fahren. Autos überholten ihn, die sehr schnell fuhren, ihn erst spät entdeckten und ärgerlich hupten. Er erschrak jedes Mal und bog schließlich in einen Feldweg ein, um neben der Straße zu übernachten.

Er legte sich in den Kundensitz und sah zu den Sternen hoch. Er war noch so wach, sicher würde er nicht gleich schlafen können. Aber die Gedanken fürchtete er auch. Er versuchte, an etwas Beruhigendes zu denken. Aber ihm fiel nichts anderes ein, als sich jene Zeit in Erinnerung zu rufen, in der Massari, Zora und er noch bei Mutter lebten, jene Zeit, in der er mit Dopo auf dem Kopf durch die Innenstadt gezogen war und nicht schlecht verdient hatte.

No Mama, no Papa, no Television – wie lange war das jetzt schon her? Und war es nicht seltsam, dass ihm diese Zeit in der Erinnerung sogar schön erschien… Aber ganz falsch war das nicht, damals wurde weder Massari gejagt noch er und Zora lebte auch noch. Natürlich hungerten sie oft, aber ab und zu hatte es auch Schönes gegeben. Jetzt war das Schöne fort, jetzt gab es nur noch Sorgen.

Lange lag Tadaki wach, dachte an dieses und jenes, Schlimmes und Schönes, und schlief erst irgendwann spät in der Nacht ein. Als er dann wieder erwachte, war es bereits hell und er verspürte neuen Hunger. Ohne sich irgendwo erfrischen zu können, bestieg er sein Betjak und fuhr zurück auf die Straße nach Bandung.

Es war nicht mehr weit. Schon bald entdeckte er ein Hinweisschild, das er zwar nicht lesen konnte, das aber so auffällig und groß war, dass es nur auf eine Großstadt hinweisen konnte. Wie schon die ganze Zeit führte ihn sein Weg auch jetzt wieder stetig bergan, aber gegen die steilen Straßen zum Puntjak hoch erschienen ihm diese Bergauffahrten eher sanft und leicht zu nehmen.

Wieder ging es zwischen Teeplantagen hindurch. Reisfelder waren keine zu sehen, dazu war die Landschaft hier zu trocken.

Tadaki ließ sich Zeit, hielt auch mal an und ruhte sich aus. So erreichte er die Stadt erst gegen Nachmittag. Er fuhr durch breite, von Bäumen gesäumte Straßen, sah rechts und links viele Blumengärten und erinnerte sich daran, dass Tante Suryo Bandung die Stadt der Blumen genannt hatte.

Blumen und schöne Mädchen, das hörte sich gut an, das klang beinahe, als sei Bandung eine Märchenstadt.

Eine Märchenstadt war Bandung nicht, dazu erschien sie Tadaki zu hell, zu ordentlich, zu quadratisch. Aber sauberer, grüner und vielleicht sogar schöner als Jakarta war sie bestimmt. Es gab viele große Gebäude in dieser Stadt. Und zwischen diesen zumeist weißen Gebäuden war viel Platz für Rasenflächen, Blumen und Skulpturen.

Gab es hier denn keine armen Leute? Tadaki verwirrte dieser Anblick. Wenn es keine armen Leute gab, würde er niemanden finden, zu dem er Vertrauen haben konnte. Ziellos fuhr er durch die Straßen und wich dabei allen Betjakfahrern aus. Gelang ihm das nicht rechtzeitig, erntete er misstrauische Blicke. Schnell legte er sich eine Ausrede zurecht. Falls ihn die fremden Betjakfahrer fragten, was er in ihrer Gegend suche, wollte er ihnen sagen, dass er einen Onkel suchte, einen Onkel Soewaro…

Doch als hätte irgendein Dämon seine Hand im Spiel, winkte ihn gerade in dem Moment, in dem er sich diese Ausrede zurechtlegte, ein Mädchen heran. »He! Betjak!«, rief sie und lachte über sein erstauntes Gesicht. »Komm her! Verdien dir was.«

Das Mädchen war sehr schön. Es trug ein grünes Seidenkleid mit langen Schlitzen rechts und links und rote Blumen im Haar, hinter jedem Ohr eine. Tadaki bremste vor ihr und schüttelte bedauernd den Kopf. »Das geht nicht. Ich darf dich nicht fahren. Ich bin aus Jakarta, hab keine Lizenz für Bandung.«

»Das macht nichts.« Das Mädchen setzte sich einfach in den Kundensitz. »Die Betjakfahrer hier sind alle meine Freunde. Von denen tut dir keiner was.« Und dann drehte sie sich im Sitz herum und lächelte Tadaki zu. »Nun fahr schon los. Hab keine Angst.«

Tadaki gehorchte. Das Mädchen war ein Taxi-Girl, das sah er gleich. Aber sie war ein sehr gut angezogenes Taxi-Girl, stand bestimmt nicht auf der Straße herum. Hoffentlich kannte sie die Betjakfahrer wirklich; sonst würde er, wenn er Pech hatte, bösen Ärger bekommen.

»Links«, sagte das Mädchen und sah Tadaki mit ihren dunklen Augen unverwandt an. »Links geht's zum Homann-Hotel. Du musst dich beeilen. Ich komm sonst zu spät.«

Tadaki nickte nur, bog nach links ab und trat fest in die Pedale.

Das Mädchen sah Tadaki unverwandt an. Tadaki versuchte, sich auf den Verkehr zu konzentrieren, doch das Mädchen wollte sich offensichtlich mit ihm unterhalten. »Ich bin Taxi-Girl«, sagte sie. »Ich arbeite im Homann-Hotel, weißt du?«

»Ich weiß«, antwortete Tadaki und wurde rot. Das wunderte ihn. Er kannte doch so viele Taxi-Girls, wieso wurde er bei diesem Mädchen rot?

»So? Du weißt es? Hast du es mir angesehen?« Das Mädchen lächelte.

»In Jakarta gibt es viele von euch«, entschuldigte sich Tadaki, obwohl es ja eigentlich gar keinen Grund dafür gab. »Die putzen sich auch so auf, wenn sie zur Arbeit gehen.« Und als bedürfte es dafür noch einer Erklärung, fügte er hinzu: »Sie müssen leben, was sollen sie sonst tun?«

»Kriegsbemalung, ja?« Das Mädchen lachte nun richtig. Ihr gefiel, was Tadaki gesagt hatte.

»Klar! Kriegsbemalung!« Auch Tadaki lachte. Aber dann sagte er: »So schön wie du sind aber nur wenige. Sind alle Mädchen in Bandung so schön wie du?«

»Ich weiß nicht.« Das Mädchen lachte noch herzlicher. »Ich kenne nicht alle. Aber viele von uns sind wirklich sehr hübsch.«

Tadaki schwieg. Er wusste nicht, was er jetzt noch sagen sollte. Das Mädchen setzte das Gespräch fort: »Wie heißt du?«

»Tadaki.«

»Und was machst du in Bandung?«

Tadaki zögerte. Er konnte diesem fremden Mädchen doch nicht die Wahrheit sagen. Aber die Geschichte von dem Onkel wollte er ihr auch nicht auftischen. »Ich suche Arbeit«, sagte er schließlich. Das war keine Lüge. Irgendwann würden seine paar Rupiah ja zu Ende sein.

»Als Betjakfahrer?«

»Wenn's geht – ja.« Tadaki zuckte die Achseln. »Aber ich mach auch anderes.«

Das Mädchen guckte traurig. »Es gibt keine Arbeit. Bis vor zwei Jahren hat mein Vater Wäsche ausgefahren. Da hat er viel Trinkgeld bekommen. Manchmal bis zu tausend Rupiah am Tag. Aber dann haben sie ihn entlassen. Es gibt so viele junge Männer und mein Vater ist schon alt.«

Warum erzählte sie ihm das? Wollte sie ihm erklären, weshalb sie Taxi-Girl geworden war?

»Wie heißt du?«, fragte Tadaki das Mädchen.

Es war eine Verlegenheitsfrage, aber sie freute sich darüber. »Nona«, sagte sie. »Sag einfach Nona[*] zu mir. Alle nennen mich so.«

Tadaki lachte. »Dann bist du also Nona Nona?«

»Wenn du willst.« Nona lachte mit, und Tadaki dachte daran, dass er jemanden suchte, der schreiben konnte. Diese Nona war nett, die würde ihm vielleicht helfen. Vorsichtig fragte er sie.

Nona lachte laut. »Du bist gut! Wenn ich schreiben und lesen könnte, würde ich in einem Büro sitzen und Briefe tippen – und nicht ins Homann fahren.«

Sie wurde plötzlich sehr verlegen. »Oder glaubst du etwa, das macht mir Spaß?«

Das glaubte Tadaki nicht. Er kannte kein einziges Taxi-Girl, dem dieser Beruf Spaß machte. Manche taten nur so, weil es der Kundschaft gefiel. Aber er hatte auch noch keines gesehen, das so verlegen wurde, wenn es darüber sprach. »Wie lange machst du das schon?«, fragte er vorsichtig.

»Zwei Jahre.«

Also seit ihr Vater seine Stellung verloren hatte… Er hatte sich das schon gedacht, wusste aber nichts dazu zu sagen.

Nona wies ihn in die nächste Straße ein und bat ihn zu halten.

---

[*]   Mädchen

145

Tadaki folgte ihrem Wunsch und sah sich nach einem Hotel um, konnte aber nirgends eins entdecken.

»Kennst du wirklich niemanden in Bandung?«, fragte Nona ernst.

Er schüttelte den Kopf.

»Dann wirst du keine Arbeit finden. Wer niemanden kennt, kann niemanden um Hilfe bitten.«

Tadaki antwortete nichts. Was Nona da gesagt hatte, stimmte. Aber was wollte sie mit dieser Bemerkung bezwecken?

»Nur mich«, fuhr Nona fort, »mich kennst du nun.« Tadaki musste lachen. »Kannst du mir etwa helfen?«

»Helfen nicht.« Nona lachte nicht mit. »Aber mit mir bist du nicht so allein.«

Was meinte sie damit? Tadaki begriff wieder nicht.

»Wenn du willst, zeig ich dir morgen die Stadt«, sagte Nona. »Vormittags habe ich frei. Und ich fahre gern spazieren.«

»Warum willst du das tun?« Nun war Tadaki endgültig verblüfft. Er kannte diese Nona doch gar nicht. Warum war sie so nett zu ihm?

»Weil du mir gefällst. Und weil ich möchte, dass du mir von Jakarta erzählst.« Nona wurde wieder verlegen, sah Tadaki aber weiter an. »Ich hab schon viel von Jakarta gehört, aber jemanden, der die Stadt ganz genau kennt, habe ich noch nicht getroffen.«

»Machst du Spaß?« Tadaki konnte immer noch nicht glauben, was Nona da gesagt hatte. Er gefiel ihr? Er – ein Junge? Zwar war sie nicht viel älter als er, aber sie war ein Mädchen; Mädchen waren früher erwachsen als Jungen. Und er sollte ihr von Jakarta erzählen? Was gab es über Jakarta schon groß zu erzählen?

»Warum soll ich Spaß machen?«, fragte Nona. »Du fährst mich spazieren und ich zeig dir die Stadt. Davon haben wir beide was, oder etwa nicht?«

»Und wo treffen wir uns?«

»Dort, wo ich dich herangewinkt habe.« Nona gab Tadaki ein Zeichen weiterzufahren. »Gleich morgens um neun, ja? Oder findest du die Straße nicht mehr?«

Natürlich würde er die Straße wieder finden. Aber würde sie denn wirklich kommen?

Das Hotel war nicht so groß wie das *Indonesia* in Jakarta, aber es war ein sehr vornehmes Hotel, mit hohen Fenstern und Türen. Nona ließ Tadaki vor dem Eingang halten, bezahlte und gab ihm ein Trinkgeld. Als sie ausstieg, lächelte sie ihm noch einmal zu. »Nicht vergessen, ja? Morgen um neun.«

Vor dem Hoteleingang wartete schon ein Mann auf sie. Es war ein sehr hagerer Mann in einem knallroten Hemd und mit straff nach hinten gekämmten Haaren. Er sah auf die Uhr und begann sofort mit Nona zu schimpfen. Nona erwiderte nichts. Still betrat sie hinter dem Mann das Hotel und drehte sich nicht mehr um.

Tadaki steckte das Geld ein, fuhr zu dem Warung, den er nicht weit vom Hotel entfernt entdeckt hatte, und kaufte sich eine Portion Nudeln mit Gemüse.

Die beiden Taxifahrer, die ebenfalls vor dem Warung standen und Nudeln aßen, blickten Tadaki aufmerksam an. Sie hatten seine Lizenznummer gesehen, wussten also, dass er aus Jakarta kam. Das machte sie neugierig. Schnell aß Tadaki auf und fuhr, bevor die beiden ihn etwas fragen konnten, wieder davon. Er fuhr weiter quer durch die Stadt, durch

Geschäftsstraßen und Parkanlagen und an vielen lang gestreckten Gebäuden vorüber. Irgendwann fand er dann das Viertel, das er gesucht hatte. Hier standen viele ein-, zwei- oder dreistöckige Häuser. Die meisten waren schon sehr alt, die Fassaden fleckig. Ganz normale Leute wohnten hier, und es gab kleine Läden und Garküchen mit Tischen auf der Straße. Einige Köche hatten Transistorradios neben sich stehen, überall war blecherne Musik zu hören.

Tadaki sah den Männern und Frauen vor oder neben ihren Ständen, Karren und Tischen in die Gesichter. Waren sie freundlich – oder eher unfreundlich? Doch wenn die Leute ihn ebenfalls neugierig anblickten, wandte er sich schnell ab.

Wie sehr fehlte ihm jetzt Damani! Damani hätte einen Weg gewusst, mit den Leuten aus Bandung ins Gespräch zu kommen. Ein Betjak kam ihm entgegen. Der Fahrer wurde langsamer und guckte ihn verwundert an. Schnell fuhr Tadaki an dem Burschen vorüber und immer weiter geradeaus, bis die Gassen sich lichteten und er die breite Straße wieder erkannte, die in die Stadt hineinführte. Ohne sein Tempo zu mindern, bog er in diese Straße ein und fuhr wieder aus der Stadt heraus.

Er würde lieber vor der Stadt übernachten. Irgendwo draußen zwischen den Bäumen. Dort fühlte er sich sicher, dort war er kein Fremder.

Rembulan und Matahari

Es wurde wieder eine unruhige Nacht. Tadaki dachte an Damani, an Massari, an Mutter und Jato und zum Schluss an Nona. Ob sie wirklich kommen würde? Immerhin hatte sie ihn gefragt und nicht er sie. Und sie hatte dabei nicht so ausgesehen, als machte sie nur einen Scherz.

Ein Lichtkegel huschte durch die hohen Büsche, zwischen die er sein Betjak geschoben hatte. Tadaki schloss die Augen. Immer wenn ein Auto kam, wurde es so furchtbar hell. Das gab den Büschen um ihn herum etwas Gespenstisches.

Ob Nona ihm helfen konnte? Sie musste seinen Brief an die Polizei ja nicht selber schreiben; vielleicht kannte sie jemanden, der zur Schule gegangen war. Ein Nachbar, ein Verwandter oder irgendein Bekannter.

Über diese Gedanken wurde er müde und schlief endlich ein. Und als er wieder erwachte, war die Sonne bereits aufgegangen, und er fühlte sich so ausgeruht wie schon lange nicht mehr. Sofort schwang er sich in den Sattel und fuhr zu dem nahe gelegenen Fischteich, an dem er tags zuvor vorbeigekommen war.

Es war ein einsamer Fischteich, kein Wärter war zu sehen. Schnell zog Tadaki sich das Hemd aus und spritzte sich Wasser ins Gesicht und über die Brust. Das war angenehm und erfrischte. Das Hemd wie einen Schal um den Hals gelegt, fuhr er dann wieder in die Stadt hinein.

Er war zu früh am Treffpunkt, Nona war noch nicht da. Er

drehte eine Runde um den Häuserblock und sah sich um, konnte sie aber nirgends entdecken. Also stellte er sich in den Schatten eines Baumes und wartete.

Ein Betjakfahrer kam vorbei, sah ihn und bremste. Tadaki machte sich schon darauf gefasst, seine Ausrede gebrauchen zu müssen, doch zu seinem Glück hatte es der Kunde in dem Betjak eilig. »Was ist los?«, schimpfte er. »Hast du Blei in den Beinen? Halt hier nicht Maulaffen feil, sondern fahre.«

Da fuhr der Betjakfahrer weiter, drehte sich aber noch einmal zu Tadaki herum. »Ich hab dich gestern schon gesehen«, rief er ihm zu. »Was willst du hier? Bist du ein Wilderer? Verschwinde oder es geht dir schlecht.«

Tadaki seufzte nur. Er verstand diesen Betjakfahrer. Aber er konnte ihm ja nicht nachfahren, um ihm zu erklären, was ihn hergetrieben hatte.

»Guten Morgen!«

Nona! Sie stand direkt neben ihm und hatte ihn schon eine ganze Weile beobachtet. Tadaki guckte verlegen. »Ich…«

»Du hattest Streit. Ich hab's gehört.« Nona setzte sich in den Kundensitz. Sie hatte sich sehr verändert, trug nicht ihre Kriegsbemalung und auch nicht das grüne Seidenkleid mit den Schlitzen an den Seiten wie am Tag vorher, nur ein einfaches weißes Kleid hatte sie an.

»Wo hast du geschlafen?«

»Im Wald.«

Tadaki gefiel diese Nona noch besser als das bunte Mädchen mit den Blumen im Haar. Doch er musste immer noch an den Betjakfahrer denken. »Kennst du wirklich alle Betjakfahrer in Bandung?«, fragte er Nona besorgt. »Ich will keinen Ärger bekommen, wenn ich dich fahre.«

»Du kannst mir glauben, ich kenne sie«, beruhigte ihn Nona. »Wenn ich dabei gewesen wäre, hätte er dir nicht gedroht.«

Tadaki lächelte erleichtert. Er glaubte Nona. Sie bemerkte das und lächelte zurück. Und dann fragte sie: »Was willst du sehen? Was soll ich dir zeigen?«

Tadaki zuckte die Achseln. Es war ihm egal, was sie ihm zeigte, Hauptsache, sie fanden Zeit, miteinander zu reden.

»Hast du schon mal einen Vulkan gesehen?«, fragte Nona. »Der Perahu ist ganz berühmt. Wenn du willst, zeige ich ihn dir. Er hat sieben Krater, und in die meisten kann man hinabsteigen.«

Tadaki hatte noch nie einen Vulkan besichtigt, und er war auch nicht neugierig darauf. Aber er war einverstanden mit diesem Vorschlag. Er war froh, dass Nona gekommen war und sie diesen Vormittag gemeinsam verbringen würden.

»Dann fahr los. Es ist nicht ganz nah. Und es wird ziemlich steil. Mal sehen, ob du es ohne abzusteigen schaffst.«

Es war wirklich »nicht ganz nah«. Die Fahrt führte sie aus Bandung heraus, durch viele Felder und Teeplantagen und durch eine kleine Stadt mit einem großen Obst- und Gemüsemarkt.

Nona genoss den Ausflug und erzählte Tadaki, während sie vergnügt in die Gegend blickte, von ihrer Familie. Dass ihre Mutter früh gestorben war, erfuhr er, und dass sie noch drei Brüder und zwei Schwestern habe. Zwei der Brüder wären schon erwachsen und ebenfalls arbeitslos. Die beiden Mädchen und der kleine Bruder aber hockten den ganzen Tag bei ihrem Vater, um seinen Schlaf zu bewachen. Ihr Vater schlafe fast nur noch. Wenn er wach sei, hatte er zu ihr gesagt, müsse er nachdenken, und wenn er nachdenke, müsse er sich ärgern. Also schlief er, um sich nicht ärgern zu müssen.

Sie lachte, während sie das sagte, aber Tadaki sah ihr an, dass sie von ihm wissen wollte, was er davon halte. »Ich weiß nicht«, sagte er vorsichtig. »Wenn er keine Arbeit bekommt – wozu soll er sich den ganzen Tag ärgern?«

Nona freute sich darüber, dass er das gesagt hatte. Sie war der gleichen Meinung.

»Er ist wirklich schon sehr alt«, entschuldigte sie ihren Vater. »Bald wird er nicht mehr da sein... Soll er sich die letzten Tage schön machen.«

»Und deine beiden großen Brüder?«, fragte Tadaki. »Was machen sie den ganzen Tag?«

Nona seufzte. »Na, was schon? Lange schlafen, Karten spielen, den Mädchen nachlaufen.« Sie schwieg eine Weile und fragte dann: »Und du? Hast du Geschwister?«

»Nur noch einen Bruder«, antwortete Tadaki verlegen. »Und? Hat er Arbeit?«

»Er fährt auch Betjak«, log Tadaki. Noch war die Gelegenheit nicht günstig, noch konnte er ihr nicht die Wahrheit sagen.

Sie hatten den Obst- und Gemüsemarkt erreicht. Nona ließ Tadaki gleich vor den ersten Händlern halten und feilschte mit einer Alten, die wie eine Glucke zwischen ihren Körben hockte, um eine Anzahl Orangen, Salaks und Mangos. Dann ging sie zum nächsten Stand und kaufte zwei Portionen Gado-Gado* mit Erdnusssoße. »Für nachher«, sagte sie und verstaute alles neben sich im Sitz. »Wir machen nämlich ein

* Gemüsesalat

152

richtiges Picknick.« »Gut«, sagte Tadaki. »Aber dann bezahle ich meinen Teil selber.«

»Kommt gar nicht in Frage«, wehrte Nona ab. »Du fährst uns – und ich ernähre uns.« Sie lachte. »Jeder gibt, was er hat.«

Die Fahrt ging weiter – und Nona erzählte weiter. Diesmal sprach sie über die vielen Vulkane um Bandung herum. Sie liebe alle Vulkane, sagte sie, am meisten aber liebe sie den Perahu.

Tadaki musste sich sehr anstrengen. Es ging wirklich steil bergauf, erinnerte fast an die Auffahrt zum Puntjak. Trotzdem musste er lachen. »Wie kann man einen Vulkan lieben? Das ist doch nichts als Stein und Asche, Qualm und Gestank.«

»Ich mag sie, weil sie wie Menschen sind«, antwortete Nona. »Man sieht ihnen nicht an, was in ihnen steckt, ob sie schon tot sind oder noch leben, ob sie friedlich sind oder böse, ob sie irgendwann einmal ausbrechen oder ihren Kampf schon aufgegeben haben.«

Das war ein seltsamer Vergleich. Tadaki grinste. »Und was bin ich für ein Vulkan?«

»Du?« Nona überlegte ernsthaft. »Du bist einer von den stillen Vulkanen. Du wirkst ganz friedlich, aber vielleicht… vielleicht brichst du doch einmal aus.«

»Also siehst du mir gar nichts an«, entgegnete Tadaki keuchend. Und dann sagte er, was Damani in einem ähnlichen Fall gesagt hätte: »Vielleicht ist weniger besser als gar nichts.«

»Gut!« Nona war nicht böse. »Dann sage ich dir jetzt, was ich dir wirklich ansehe.« Sie richtete ihre großen dunklen Augen auf ihn und betrachtete ihn lange.

Tadaki spürte, wie er rot wurde. »Was ist? Fällt dir nichts ein?«

»Doch«, sagte Nona halb ernst, halb im Spaß. »Ich sehe dir an, dass du sehr ehrlich bist, dass du niemandem was tust und manchmal sogar ein bisschen dumm bist.«

»Dumm? Wieso denn dumm?« Dass Nona das sagen würde, hätte er nicht erwartet.

»Alle guten Menschen sind ein bisschen dumm.« Nona verzog keine Miene. »Dagegen kann man nichts machen. Das ist nun mal so.«

»Und alle schlechten Menschen – sind die etwa klug?«

»Klug nicht, aber gerissen.«

Tadaki dachte an Massari. »Quatsch!«, sagte er. »Es gibt gar keine schlechten Menschen. Wir sind alle ein bisschen so und ein bisschen so.«

Nona erwiderte nichts, lächelte nur. Aber nach einiger Zeit sagte sie leise: »Du bist wirklich zu gut. Du weißt nicht, wie schlecht Menschen sein können.«

Sollte das ein Scherz sein? Er, der sich von Kindheit an mit Bettelei, allen möglichen Arbeiten und ab und zu auch mal kleineren Diebstählen durchschlagen musste, sollte nicht wissen, wie schlecht Menschen sein konnten? Wenn er Nona auch nichts von Zora und Massari, von Mutter und Damani erzählt hatte, dass er nicht aus reichem Hause kam, war wohl das Mindeste, was man ihm ansehen musste. Tadaki war fast ein wenig beleidigt. Obwohl er sich denken konnte, dass Nona das nicht böse gemeint hatte.

»Jetzt bist du dran«, sagte sie. »Jetzt musst du mir sagen, was du mir ansiehst.«

Tadaki fuhr rechts ran und bremste. Er musste verschnaufen,

und er wollte Zeit haben, um Nonas Gesicht zu studieren. »Du bist sehr traurig«, sagte er dann. »Und weil du nicht willst, dass man dir das ansieht, lächelst du so viel.«

Betroffen senkte Nona den Blick. »Das stimmt. Aber hast du mir das wirklich angesehen? Oder machst du nur Spaß?«

»Ich habe es gleich gesehen«, antwortete Tadaki und konnte nicht verhindern, dass in seinen Worten ein bisschen Stolz mitschwang.

»Und weiter?«, bat Nona. »Was siehst du noch?«

Tadaki versuchte, den großen Zauberer zu spielen, der sein Publikum erst einschüchtern will, bevor er ihm seinen Trick vorführt. Aber Nonas ernster, fragender Blick ließ das nicht zu. »Gut!«, sagte er schließlich. »Ich sehe, dass du nur deshalb so freundlich bist, weil du möchtest, dass auch alle anderen freundlich sind.«

»Das ist eine alte Weisheit.« Diesmal war Nona nicht überrascht. »Was du ins Meer wirfst, bringen dir die Wellen zurück.«

»Ja, aber du bist besonders freundlich. Du wünschst dir besonders freundliche Wellen. Vielleicht hast du Angst vor einem Sturm.«

Nona schwieg lange. Dann sah sie Tadaki fragend an. »Und was soll ich tun? Soll ich unfreundlicher werden, soll ich sagen, der Sturm kommt sowieso, eines Tages muss ich ja doch ertrinken?«

Mit welcher Überzeugung sie das gesagt hatte! Tadaki erschrak. Aber dann ärgerte er sich über Nona: Wie konnte sie ihn so falsch verstehen? »Natürlich sollst du nicht unfreundlicher werden… Du sollst so bleiben, wie du bist. Ich finde es ja gut, dass du so freundlich bist.«

Nona schwieg einen Augenblick, dann lachte sie plötzlich laut auf. »Ich glaube, wir sind beide ein bisschen dumm. Deshalb verstehen wir uns so gut.«

Tadaki lachte mit und fuhr weiter. Aber nun war Nona sehr schweigsam. Das wunderte ihn. Viel reden aber hätten sie jetzt ohnehin nicht mehr können. Er benötigte all seine Kraft, um den Anstieg zu schaffen.

Endlich hatten sie den Krater erreicht. Keuchend und schwitzend fuhr Tadaki auf den Parkplatz gleich neben der Gaststätte und verschnaufte erst mal.

»Hast du schon Hunger?« Nona drehte sich wieder zu ihm um. »Ja«, gab Tadaki zu. »Ich hab ja heute noch nichts gegessen.«

»Dann essen wir zuerst das Gado-Gado«, entschied Nona. »Das ist mein Lieblingsgericht.«

Tadaki war einverstanden und wollte im Sattel sitzend essen. Nona winkte ihn zu sich auf den Kundensitz. »Ich bin nicht dein Fahrgast«, sagte sie. »Ich bin deine Freundin.«

Es war ein schönes Gefühl, so dicht neben Nona zu sitzen und ihr Gesicht ganz nahe vor sich zu sehen, obwohl es ihn auch verlegen machte. Und er konnte nicht anders, als Nona beim Essen zuzulächeln.

»Bist du mir noch böse, weil ich dich dumm genannt habe?«, fragte sie ihn leise.

Tadaki war ihr nicht mehr böse. »Ich weiß ja jetzt, wie du es gemeint hast.«

»Ich bin dir auch nicht böse.« Nun lächelte Nona wieder. »Was du gesagt hast, stimmt ja.« Und dann sah sie Tadaki groß an und flüsterte: »Nicht mal meine Brüder wissen das von mir. Ist das nicht seltsam, dass du mich so gut kennst?«

»Sie sehen dich zu oft«, vermutete Tadaki. Aber insgeheim war er stolz darauf, dass er Nona besser kannte als ihre Brüder. Vielleicht war es wirklich etwas Besonderes, vielleicht waren Nona und er füreinander bestimmt, wie es so oft in den Liebesgeschichten hieß, die die Puppenspieler aufführten.

»Schmeckt es dir?«, fragte Nona höflich.

Es schmeckte Tadaki. Aber natürlich machte ihn das eine Gado-Gado nicht satt. Nona sah es ihm an und schälte eine Orange ab. Als Messer benutzte sie ihre langen Fingernägel. Tadaki musste lachen. Dass lange Fingernägel so praktisch sein könnten, hätte er nicht gedacht.

Nona lachte auch. »Sonst stören sie mich immer«, sagte sie. »Aber manchmal sind sie ganz nützlich.«

Sie aßen jeder eine Orange, dann nahm Nona Tadakis Hand und stieg mit ihm die Treppe zum Krater hoch.

Es ging noch einige Meter steil nach oben, dann standen sie zwischen all den Touristen und blickten gemeinsam mit ihnen zu dem graubraunen Schlackeboden des Kraters hinab. Hitzedämpfe stiegen auf und erfüllten die Luft mit einem Geruch, der in die Nase stach.

»Das ist der Schwefel«, flüsterte Nona Tadaki zu und drückte seine Hand. Tadaki nickte nur. Was er sah, gefiel ihm: Unten im Krater, inmitten all der staubigen Schlacke, liefen junge Leute herum und schrieben mit kleinen Stöckchen Buchstaben in die Asche. »Was schreiben sie da?«, fragte er Nona so leise, dass die Touristen um sie herum es nicht hören konnten.

»Sie schreiben ihre Namen in die Asche«, flüsterte Nona zurück. »Das bringt Glück.« Und noch ehe Tadaki etwas sagen konnte, zog sie ihn mit sich fort – hinunter in das Kraterloch zu all den anderen jungen Leuten.

Anfangs wollte Tadaki sich dagegen wehren. Was sollte er da unten? Er konnte seinen Namen nicht schreiben. Doch dann musste er hinter ihr herlaufen, ob er wollte oder nicht. Die Asche unter ihren Füßen gab zu sehr nach, bei jedem Schritt rutschten sie gleich zwei Meter tiefer. Sie überschlugen sich fast im Laufen und mussten froh sein, dass sie nicht stürzten.

Unten angekommen, nahm Nona gleich eins der Stöckchen auf, das jemand zurückgelassen hatte, und schrieb, noch völlig außer Atem, auch etwas in die heiße Asche.

»Ich denke, du kannst nicht schreiben?«, fragte Tadaki verdutzt.

»Meinen Namen kann ich schreiben. Und ein paar andere Buchstaben auch noch.« Nona freute sich über die gelungene Überraschung. »Aber einen ganzen Satz schaffe ich nicht.«

»Und wo hast du das gelernt?«

»Bei Kebon.«

»Ist das der Mann mit dem roten Hemd?«

»Ja. Er ist unser Chef. Er teilt uns zur Arbeit ein und beschützt uns.«

Tadaki schwieg. Er kannte diese Beschützer. Manche von ihnen schlugen die Mädchen und trieben sie rund um die Uhr zur Arbeit an. Und von allen Einnahmen mussten ihnen die Mädchen die Hälfte abgeben. Von einem solchen Mann würde er sich seinen Brief nicht schreiben lassen.

»Weißt du, was das heißt?« Nona zeigte mit dem Stöckchen auf das, was sie geschrieben hatte.

»Nein.«

»Das heißt Ta-da-ki.«

Sein Name? Nona wollte also, dass er Glück hatte… »Bitte! Schreib deinen Namen daneben. Du sollst auch Glück haben.« Tadaki legte fast die Hände zusammen, als er Nona darum bat.

Nona lachte leise und schrieb PADJADJARANA in die Asche.

»Das soll Nona heißen?«, staunte Tadaki. »Ein so langes Wort für einen so kurzen Namen?«

»Das heißt nicht Nona. Das heißt Padja-dja-rana und ist mein Name. Aber ich mag ihn nicht. Padjadjaran, 50 heißt die Straße, in der ich geboren wurde. Weil meinen Eltern nichts Besseres einfiel, haben sie mich Padjadjarana genannt.«

Erst guckte Tadaki nur dumm, dann musste er laut lachen. So was Komisches hatte er noch nie gehört.

»Deshalb will ich ja Nona heißen«, verteidigte sich Nona. »Nona – das ist kein richtiger Name. Und so fühle ich mich auch – wie ein Mädchen ohne Namen. Wie eine Straße will ich jedenfalls nicht heißen.«

Aber je heftiger Nona sich verteidigte, desto lauter musste Tadaki lachen. »Dann müsste ich ja Jakarti heißen«, sagte er, »nur weil ich in Jakarta geboren bin.«

Nona tat, als wäre sie böse auf ihn, und hämmerte mit den Fäusten auf seiner Brust herum. »Hör auf!«, schrie sie dabei. »Hör auf!«

»Und alle Jungen, die in Bogor geboren werden, heißen dann Bogori.«

»Aufhören!«, schrie Nona und trommelte weiter wie wild auf ihn ein. Aber nun musste sie selber schon lachen.

»Die Mädchen: Bogora.«

Wieder Schläge.

»Oder Bandungi und Bandunga.«

Die Schläge gingen im Lachen unter.

»Oder New Yorki und New Yorka.«

Die Schläge blieben aus. Nona rang nach Luft. Sie lehnte sich an Tadaki und erstickte fast an ihrem Lachen. Ihr Gesicht glühte. »Wie nennt dich deine Mutter, Tadaki?«

»Daki. Und wie nennt dich deine Familie?« »Nona.«

Sie mussten wieder lachen. Einfach so. Dann aber wurden sie beide ganz still und sahen nur noch ihre Namen an. »Ob das wirklich Glück bringt?«, fragte Nona.

»Schaden kann es nicht«, meinte Tadaki. Und er fügte hinzu: »Ein bisschen Glück hat es ja schon gebracht. Ich hab schon lange nicht mehr so gelacht.«

»Ich auch nicht.« Nona sagte das fast flüsternd. Und ein wenig lauter sagte sie: »Auf jeden Fall hat es Spaß gemacht.«

Das fand Tadaki auch, und als Nona und er wieder zum Kraterrand hinaufstiegen, hatte er genauso gute Laune wie sie. Doch der Aufstieg war mühseliger als der Abstieg. Machten sie einen Schritt vorwärts, rutschten sie zwei wieder zurück. In dem Aschestaub fanden ihre Füße kaum Halt.

Als sie endlich oben ankamen, waren sie völlig außer Atem und über und über mit Asche bedeckt. Und von dem vielen Staub, den sie eingeatmet hatten, fühlten sie sich wie ausgetrocknet. Vor Durst konnten sie kaum sprechen. Nona hatte das vorausgesehen, sie war ja nicht zum ersten Mal hier oben. Sie setzte sich in den Kundensitz und dirigierte Tadaki ein Stück weit bergab. Dann ließ sie ihn von der Hauptstraße in einen Waldweg abbiegen. Sie fuhren bis zu einem kleinen Bach. Daneben war eine Wiese mit Bäumen und vielen wilden Blumen. Ohne lange zu zögern, sprang Nona aus dem Sitz und lief so, wie sie war, in den Bach hinein. Tadaki folgte ihr. Sie warfen sich in das kalte, klare Wasser, wuschen sich, tauchten unter und bespritzten sich gegenseitig. Wie zwei junge Hunde alberten sie herum. Danach legten sie sich auf die Wiese, damit ihre Sachen trockneten.

Erst aßen sie die restlichen Früchte auf, dann lagen sie Seite an Seite, mit geschlossenen Augen, und schwiegen. Tadaki war es, als summte es in seinen Adern. Er spürte dieses Summen in den Armen und in den Beinen. Wie nach einer großen Anstrengung war ihm zu Mute. Ob das schon das Glück war? Er war ja noch nie richtig glücklich gewesen; wie sollte er wissen, wie einem zu Mute war, der glücklich war… Doch dann schämte er sich dieses Gefühls: Durfte er denn glücklich sein nach dem, was am Puntjak passiert war? Durfte er lachen und sich freuen, obwohl er Damani verloren hatte? Und war das wirklich Glück, solange er nicht wusste, wie alles weitergehen würde?

»Woran denkst du?« Nona richtete sich auf und sah Tadaki ins Gesicht.

»An nachher.« Er drehte sich weg; er konnte sie dabei nicht ansehen. »Jetzt ist alles so schön, aber nachher…«

»Was ist ›nachher‹?«

Tadaki zögerte, dann sagte er es doch: »Nachher gehst du wieder zu diesem Kebon… und ich fahre wieder durch die Stadt… Ich muss Arbeit finden, sonst kann ich nicht bleiben.«

Nona ließ sich zurücksinken und schwieg einige Zeit. Dann sagte sie leise: »Was willst du denn? Ich muss froh sein, dass

Kebon mich nimmt. Er ist sehr wählerisch. Oder denkst du, ich will irgendwo auf der Straße stehen?«

Tadaki antwortete nichts. Nona drehte den Kopf zu ihm hin. »Ich mag Kebon nicht, hasse ihn sogar, weil er so ein eitler Angeber ist. Ich hasse auch die Männer, zu denen ich freundlich sein muss. Es ist mir egal, ob sie aus Jakarta, Semarang oder Yogjakarta kommen, ob sie Indonesier, Chinesen oder Touristen sind, ich hasse sie alle. Aber ich schäme mich nicht dafür. Jeder verkauft, was er hat – du verkaufst nur deine Beine, ich verkaufe mich ganz.«

Nona hatte Recht: Sie hatte keinen Grund, sich zu schämen. Tadaki wusste selber nicht, warum er das von Kebon gesagt hatte. War er etwa eifersüchtig? Wollte er Nona für sich haben? Aber wie sollte das gehen – Nona hatte eine ganze Familie zu ernähren und er besaß kaum eine Rupiah.

Oder doch? Was war mit Massaris Geld? Onkel Soewaro hatte gesagt, er sollte damit etwas Gutes tun...

Tadaki drehte sich zu Nona um und sah sie lange an. »Und wenn ich dir nun helfe – dann brauchst du nicht mehr ins Hotel zu gehen.«

»Ach ja?« Nona lachte spöttisch. »Mein Prinz aus Madjapahit[*] ernährt mich – und meine ganze Familie noch dazu.«

Tadaki blickte Nona weiter unverwandt an. Mit Massaris Geld könnten sie einen Kiosk aufmachen oder einen Warung – Reis oder Nudeln kochen konnte schließlich jeder...

»Was ist?« Nona guckte frech. »Bist du nun mein Prinz oder nicht?«

---

* Madjapahit: mächtiges, sagenumwobenes javanisches Königreich, das dem Namen nach vor mehreren hundert Jahren tatsächlich existierte.

»Vielleicht«, sagte Tadaki leise, »vielleicht bin ich wirklich einer…«

»Au fein!« Nona klatschte übertrieben laut in die Hände. »Dann feiern wir eine große Hochzeit. Alle Betjakfahrer und alle Taxi-Girls laden wir dazu ein. Wir werden viele Kinder haben und glücklich und zufrieden sein bis an unser Ende.«

Tadaki lachte nicht. Er konnte Nona nicht von dem Geld erzählen. Er war sich ja selber noch nicht im Klaren darüber, ob er es nehmen durfte. Es war immer noch Blutgeld, Mördergeld – und auf irgendeine Weise auch Massaris Geld…

Aber hatte Onkel Soewaro nicht Recht, wenn er sagte, dass es zum Verschimmeln zu schade war, solange Menschen Not litten? Und litt Nona etwa keine Not? Warum sollte er es ihr nicht geben?

Nona sah zum Himmel hoch und stand auf. »So, du Spinner! Jetzt ist Schluss. Das Märchen ist aus. Jetzt muss ich nach Hause zurück und danach ins Hotel.«

Die Rückfahrt war angenehm. Es ging immer nur bergab. Nona saß im Kundensitz und sang leise vor sich hin:

> »Rembulan und Matahari[*],
> das bin ich und das bist du.
> Ohne dich kann ich nicht leben,
> nur mit dir finde ich …«

Tadaki hörte zu und schwieg. Der Gedanke, dass er Nona mit dem Geld helfen könnte, ließ ihn nicht los. Er hätte nur

---

[*] Mond und Sonne

gerne mit jemandem darüber geredet. Aber mit wem? Damani konnte er nicht mehr fragen und Jato war weit weg.

»Warte!«, bat Nona, als sie an der Stelle ausstieg, an der er sie aufgenommen hatte. »Ich bin gleich wieder zurück.« Und tatsächlich, es vergingen nur wenige Minuten, dann stand sie wieder vor ihm, wie er sie tags zuvor kennen gelernt hatte: geschminkt, im grünen Seidenkleid, mit Blumen im Haar und Stöckelschuhen. Er sah weg, und Nona setzte sich still in den Kundensitz. Aber als sie vor dem Hotel angelangt waren, sah sie ihn wieder an. »Das war ein schöner Tag heute. Oder?«

Tadaki nickte nur. Es war ein schöner Tag. Ein sehr schöner Tag. Für diesen Tag musste er Nona dankbar sein.

»Und was machst du nun?«, wollte Nona wissen.

Er zuckte die Achseln.

»Sehen wir uns morgen wieder?«, fragte sie leise. »Du hast mir noch gar nichts von Jakarta erzählt.«

»Wann?«, fragte er nur zurück.

Sie überlegte, dann sagte sie: »Um elf an derselben Stelle. Morgen habe ich nicht so viel Zeit. Nur eine Stunde. Morgen muss ich waschen.«

»Gut.« Er lächelte. Was konnte Nona dafür, dass er nun immer noch niemanden wusste, der ihm seinen Brief schreiben würde? Es war nicht ihre Schuld, dass er ihr immer noch nicht die Wahrheit gesagt hatte.

»Also bis morgen.« Nona stieg aus und winkte ihm noch einmal zu.

Tadaki winkte kurz zurück, dann fuhr er schon weiter. Er wollte weg von diesem Hotel. Er hasste es. Doch kaum war er einige Meter weit gefahren, tauchten plötzlich vor, hinter

164

und neben ihm andere Betjakfahrer auf. Er erschrak und bog rechts ein, aber die Bandunger Betjakfahrer, alle ohne Kunden in den Sitzen, ließen nicht von ihm ab. Sie bogen ebenfalls in diese Straße ein und überholten ihn rechts und links. Und als sie an ihm vorbei waren, stellten sie ihre Betjaks quer.

»Was wollt ihr von mir?«, schrie Tadaki und sprang ab. »Lasst mich doch erklären…«

Doch die Verfolger wollten nicht mit ihm reden. Sie packten ihn und zogen ihn in ihren Kreis. Er sah nur noch verzerrte Gesichter um sich – und dann traf ihn schon der erste Schlag.

3. Teil
Der Doktor

Der vierte Hai

Er hockte auf dem Boden des Kraters, inmitten einer Schar Leprakranker. Zora saß auf seinem Schoß und krallte sich an seinem Hemd fest. Er musste sie schützen, die Aussätzigen griffen nach ihr.

Er hatte diese Menschen bisher erst einmal gesehen, als er noch ganz klein war. Damals waren viele Lastkraftwagen durch die Stadt gefahren und hatten die Armenviertel nach Kranken abgesucht. Wenn einer gefunden wurde, war er auf die Ladefläche gehoben und weggeschafft worden. Wohin, wusste niemand, nicht einmal die Verwandten. Es hieß, man hielte die Kranken gefangen, damit sie niemanden anstecken konnten.

Dieses eine Mal hatte gereicht, dass er den Anblick der Menschen auf den Lastkraftwagen nicht mehr vergessen konnte. Männer und Frauen ohne Nasen waren darunter gewesen, mit verkrüppelten Händen und Füßen und mit Augen, so ausdruckslos, als wären sie bereits gestorben. Und er hockte nun mitten unter ihnen, und Zora war bei ihm und weinte.

Er wollte fliehen und versuchte, die endlosen, steilen Wände aus Staub und Asche hochzukommen. Doch der Boden unter seinen Füßen gab immer wieder nach, und Zora klammerte sich so fest um seinen Hals, dass er kaum Luft bekam.

»Du verdienst zu wenig«, sagte da plötzlich eine Stimme über ihm. Er blickte auf und entdeckte Jato. »Hilf mir«, wollte er rufen und streckte beide Hände aus – aber dann ließ er sie wieder sinken: Es war nicht Jato, der da über ihm am Kraterrand saß, sondern Tung Ho. »Na, du tüchtiger Bruder deines tüchtigen Bruders!«, rief er ihm zu. »Steckst du im Dreck?« Und dann lachte er so schallend, dass es in den Bergen widerhallte. »Recht geschieht dir! Warum hast du auch nicht auf mich gehört? Denkst du, vor mir kannst du weglaufen? Mir entkommt keiner. Ich – bin – Bah – Bolong! Verstehst du? Ich bin es! Dein Freund Damani hatte Recht. Aber wenn du mir sagst, wo das Geld ist, helfe ich dir.« Und damit hielt er ihm seine kleine weiße Hand hin.

Er nahm die Hand nicht. Er suchte einen anderen Weg, um aus dem Krater herauszukommen. Zora in seinen Armen aber wurde immer schwerer. Er schwitzte, dass es ihm von der Stirn perlte, doch er gab nicht auf, lief weiter in dem riesigen Kraterrund herum. Das Mondgesicht über ihm lachte. »Oh, bist du dumm, Tadaki! Du bist ja so dumm! Ich will dir doch helfen. Gib mir das Geld – und ich lass dich in Ruhe.«

Er durfte ihm das Geld nicht geben. Er hatte es Nona versprochen…

»Halt!« Das war Massari. Breitbeinig stand er über ihm am Kraterrand, hielt sein Messer in der Hand und sah ihn an. »Es ist mein Geld! Wo hast du es versteckt?«

Er wollte Massari um Hilfe bitten, aber der Bruder blickte ihn so voller Verachtung an, dass er das nicht wagte. Und dann stand plötzlich Damani neben Massari und rang mit ihm. »Nicht«, wollte er rufen. »Nicht! Er ist doch mein Bruder« – aber er bekam kein Wort heraus. Und dann wandte Damani sich plötzlich ihm zu und schrie ihn an: »Du bist auch nicht besser. Du hast mich im Stich gelassen.«

»Nein!«, wollte Tadaki schreien, da hob Zora in seinen Armen plötzlich den Kopf – und war Nona. »Na, du Prinz aus Madjapahit?«, fragte sie. »Wo ist nun dein Geld?« Und dann lachte sie laut. Und Massari trug Kebons rotes Hemd und lachte auch.

Da konnte er nicht mehr anders, er musste weinen, laut weinen. Mitten in sein Schluchzen hinein aber hörte er auf einmal eine leise Stimme. »Nicht«, sagte die Stimme. »Es ist ja alles gut. Du bist in Sicherheit.«

In Sicherheit…?

»Es geht dir schon viel besser«, sagte die Stimme. »Du bist im Krankenhaus. Alles ist gut.«

Da öffnete Tadaki die Augen und blickte in ein fremdes Männergesicht. Das Gesicht war weiß und voller Sommersprossen wie das Gesicht eines Amerikaners oder Europäers – aber es war ein indonesisches Gesicht. Also hatte er das mit dem Krater nur geträumt? Und dieser fremde Mann? Gehörte er zu einem anderen Traum?

»Aufgewacht?«, fragte der Mann.

Tadaki sagte nichts, sah nur dieses seltsame Gesicht an.

»Du hast ziemlich lange geschlafen«, sagte der Mann. »Aber wenn du willst, schlaf ruhig weiter. Unsere Bekanntschaft eilt nicht. Und passieren kann dir hier nichts mehr.«

Im Krankenhaus war er…?

Tadaki versuchte vorsichtig sich aufzurichten und spürte einen bösen Schmerz im Kopf. Erst jetzt merkte er, dass sein Kopf dick verbunden war und auf seiner Nase ein Pflaster klebte – und dass er in einem Bett lag. In einem richtigen Bett! Also musste er wirklich in einem Krankenhaus sein.

»Soll ich mich dir vorstellen?« Der Mann setzte sich zu Tadaki aufs Bett und sah ihn fragend an.

Erst jetzt bemerkte Tadaki, dass der Mann einen weißen Kittel trug. Vorsichtig nickte er, der Schmerz in seinem Kopf war noch nicht ganz abgeklungen.

»Also gut«, sagte der Mann. »Du bist hier im Universitätshospital, Unfallstation, Zimmer 326. Mein Name ist Dr. van Molenbek. Und wenn du wissen willst, warum du hier bist« – er griff nach einer Tafel, die vor dem Bett hing –, »bitte schön, das haben wir gleich… Du hast eine schwere Gehirnerschütterung, zwei geprellte Rippen, ein angeknackstes Nasenbein und eine ganze Menge Risse, Kratzer und blaue Flecken. Ansonsten aber bist du kerngesund, nur ein bisschen unterernährt.«

Der Doktor sprach sehr schnell, Tadaki hatte Mühe, ihm zu folgen. »Wie…?«

»Du willst wissen, wie du hierher gekommen bist? Das ist schnell erzählt: Ich bin zufällig an einem Schlachtfeld vorbeigekommen und habe dort zwei völlig am Boden zerstörte Gestelle gefunden. Das eine Gestell war nicht mehr zu flicken, dein Betjak ist hinüber. Das zweite Gestell muckste sich noch ein wenig. Na ja, da habe ich es eben hierher gebracht und bin gerade dabei, es wieder aufzupolieren.«

»Ich…«

»Du redest zu viel, Junge.« Der Doktor griff unter das Kopfende des Bettes, und Tadaki merkte, dass sich das Bett unter seinem Kopf langsam hob.

»Ich…«, begann er wieder, aber der Doktor wollte nichts hören.

»Du sollst nicht so viel reden. Das ist nicht gut für dich. Du kannst dir später dein Herz erleichtern. Das Einzige, was du mir jetzt sagen darfst, ist, wie du heißt.«

Tadaki nannte seinen Namen, und der Doktor notierte ihn sich. Dann blickte er Tadaki wieder an und sagte ernst, aber freundlich: »Du brauchst dir keinerlei Gedanken zu machen. Etwa, wer das alles hier bezahlt oder so... Das lass nur meine Sorge sein, das regle ich schon.« Er nickte Tadaki aufmunternd zu und stand auf. »So! Und jetzt solltest du noch ein bisschen schlafen. Aber wenn's geht, ohne zu träumen.« Tadaki antwortete nichts.

Der Doktor tat, als hätte er ihm zugestimmt. »Gut«, sagte er. »Dann lasse ich dich jetzt allein.« Doch bevor er ging, zeigte er Tadaki noch den Klingelknopf über seinem Bett. »Wenn irgendwas ist, wenn dir nicht gut ist oder du große Schmerzen hast, drück auf die Klingel. Dann komme ich oder eine Krankenschwester. Jedenfalls wird dir dann geholfen. – Okay?«

Tadaki wollte nicken, aber dazu tat ihm der Kopf zu weh. Der Doktor verstand ihn auch so. Er nickte ihm noch einmal zu, dann ging er.

Eine Zeit lang lag Tadaki nur still da und versuchte, an nichts zu denken. Dann fiel ihm sein Traum wieder ein – und die Unruhe kehrte zurück.

Ein seltsamer Traum! Er hatte schon oft wirres und böses Zeug geträumt, besonders in der letzten Zeit, aber noch nie hatte er in einem Traum alles so überdeutlich vor sich gesehen wie in diesem. Die Gesichter aus dem Traum tauchten wieder vor ihm auf und er atmete heftiger. Diese Angst! Sie kam so tief aus ihm, da war für nichts anderes mehr Platz...

Er versuchte, an den Doktor zu denken. Der Mann im weißen Kittel hatte von einem Schlachtfeld gesprochen – was hatte er damit gemeint? – Die Betjakfahrer! Siedend heiß überkam es ihn. Und mit der Hitze nahmen auch die Schmerzen wieder zu, die im Kopf und die in der Brust. Die Betjakfahrer hatten ihn zusammengeschlagen, hatten ihn böse verprügelt… Und dann war er hingefallen und mit dem Hinterkopf auf das Straßenpflaster geschlagen. Die Burschen aber hatten weiter auf ihn losgeprügelt, und einige hatten ihn getreten. Irgendwann musste er dann ohnmächtig geworden sein; was danach geschehen war, wusste er nicht mehr.

Und sein Betjak? Der Doktor hatte gesagt, es wäre völlig zertrümmert… Tadaki spürte, wie ihm die Tränen kamen, und ließ sie rinnen. Das war das Ende. Womit sollte er denn jetzt Geld verdienen? Und wie sollte er nach Jakarta zurückkehren? Aber konnte er überhaupt noch zurückkehren? Nun war er ja wirklich ein Dieb, jetzt, da er das Betjak weder bezahlen noch zurückgeben konnte…

Warum hatten ihn die Betjakfahrer denn nicht totgeschlagen; warum war nicht endlich Schluss mit allem? Er wollte das nicht länger mitmachen, er wollte weg sein, seine Ruhe haben… Ein für alle Mal seine Ruhe haben…

Seine Gedanken verwirrten sich, er wurde müde und schlief wieder ein.

Aber er schlief nicht lange, übergangslos erwachte er, lag da und starrte vor sich hin. Und dann drehte er zum ersten Mal den Kopf ein wenig nach rechts und nach links und sah sich zum ersten Mal um.

Es war ein sehr schmales Zimmer, in dem er lag. Und er war ganz allein in diesem Zimmer. Das wunderte ihn. In den Krankenhäusern, so hatte er gehört, lägen immer acht, zehn oder zwölf Patienten in einem Raum. Wieso lag er allein?

Sein Kopf begann zu schmerzen. Es hämmerte und pochte hinter seiner Stirn, als sollte ihm die Schädeldecke zerspringen. Er sah zu der Klingel hin, und dann richtete er sich trotz der Schmerzen auf und drückte auf den Knopf.

Der Doktor kam. »Hast du Kopfschmerzen?«

Tadaki nickte erstaunt. Woher wusste der Doktor das?

Der Doktor lächelte. »Ich hab dir vorhin eine Spritze gegeben. Das hat die Schmerzen gemildert. Nun hat die Wirkung nachgelassen. Aber ich möchte dir keine Spritze mehr geben. Das ist auf die Dauer nicht gut für dich. Nur Tabletten sollst du noch bekommen. Bist du damit einverstanden?«

Eine seltsame Frage. Was sollte er dazu schon sagen?

»Es ist nur, weil du dann weiterhin leichte Schmerzen haben wirst«, sagte der Doktor. »Hältst du die aus?«

Nun konnte Tadaki nicken.

Der Doktor ging hinaus und kehrte nach wenigen Minuten mit den Tabletten und einem Glas Wasser zurück. Tadaki schluckte die Tabletten und trank das Glas Wasser aus. Er hatte nun großen Durst. Danach sah er den Doktor an und schwieg. Warum tat er das alles für ihn? Vater und Zora hatte doch auch niemand geholfen. Der Doktor lächelte wieder.

»Wir haben noch viel Zeit, um miteinander zu reden. Erst mal musst du die Schmerzen los sein.« Er ging zur Tür, drehte sich aber, schon die Klinke in der Hand, noch einmal um. »Gleich gibt's was zu essen. Später komme ich noch mal vorbei.«

Tadaki schloss die Augen. Doch kaum hatte er das getan, sah er Nona vor sich und die Unruhe kehrte zurück. Der Doktor hatte gesagt, er hätte sehr lange geschlafen... Wie lange? Als die Betjakfahrer ihn erwischten, war es früher Nachmittag gewesen, jetzt war es draußen auch hell. Also waren mindestens eine ganze Nacht und ein halber Tag vergangen, vielleicht auch zwei Nächte und zwei Tage… Das aber hieß, dass Nona ganz umsonst auf ihn gewartet hatte. Vielleicht hatte sie sogar gedacht, er wäre absichtlich nicht mehr gekommen. Bestimmt hatte sie das gedacht. Und sicher hatte sie das traurig gemacht. Und er konnte ihr nicht einmal sagen, dass es nicht stimmte, dass er auf jeden Fall gekommen wäre, wenn er nur gekonnt hätte. Er würde ihr das nun sehr lange nicht sagen können…

»Guten Tag!« Eine Krankenschwester kam herein. Sie war sehr klein und fast genauso breit wie hoch, aber noch sehr jung. Sie lächelte freundlich, als sie das Tablett mit dem Essen auf dem Tisch neben dem Bett abstellte. »Der Doktor hat gesagt, du bist wach. Na, und wenn du wach bist, hast du doch sicher Hunger, oder?«

Tadaki verspürte keinen Hunger. In ihm war alles taub. Er schüttelte vorsichtig den Kopf. Die Schmerzen hatten gerade erst ein wenig nachgelassen, er wollte sie nicht wecken.

»Was denn, keinen Hunger?« Die Schwester setzte sich zu ihm aufs Bett und sah ihn mit ihren kugelrunden Augen empört an. »Aber du hast doch schon so lange nichts mehr gegessen, du musst Hunger haben.«

»Wie… wie lange bin ich denn schon hier?«

»Vorgestern Nachmittag hat der Doktor dich mitgebracht.« Die Schwester griff hinter seinen Kopf, wie das auch der Doktor schon getan hatte, und Tadaki merkte, wie sich das Kopfende seines Bettes noch etwas weiter hob. Erst als er schon fast saß, nahm sie ihre Hand wieder weg.

Also hatte er richtig vermutet: Er war schon seit zwei Tagen im Krankenhaus... Wie hatte er nur so lange schlafen können?

»Nun trink erst mal was.« Die Schwester nahm ein Glas Saft vom Tablett und hielt es Tadaki hin. Und als er es gehorsam ausgetrunken hatte, lächelte sie zufrieden und nahm ihm das leere Glas wieder ab, um ihm gleich darauf das Schälchen mit dem Reisfleisch zu reichen. »Versuch es wenigstens!«, bat sie. »Du brauchst das. Und wie heißt es doch so schön? Kein Huhn will gemästet werden, aber den Bauern kümmert das nicht.«

Sie lachte über ihren Scherz, und Tadaki aß ein bisschen von dem Reis. Das freute sie. »Na, siehst du!«, sagte sie. »Es geht doch.« Und als hätte Tadaki mit seiner Bereitwilligkeit, ihr zu gehorchen, sie von allen weiteren Bemühungen um ihn enthoben, lehnte sie sich ans Fußende zurück und begann von sich zu erzählen. Dass sie Yariku hieß und aus Cimahi stamme, erzählte sie, dass ihr Mann Automechaniker sei, der von seiner Arbeit immer ganz schmutzige Hände mit nach Hause brachte, und dass sie drei Kinder habe – zwei Mädchen und einen Jungen. Die beiden Mädchen wären acht und neun und der Junge schon elf Jahre alt. »Die Großmutter kümmert sich um sie. Ist das nicht ein Glück?«

Tadaki nickte verlegen. Was ging ihn das Glück dieser Yariku an? Aber es machte Spaß, ihr zuzuhören, sie hatte eine warme Stimme.

Und Schwester Yariku ließ sich durch nichts aufhalten. Munter erzählte sie weiter, dass sie nun schon seit über zehn Jahren Krankenschwester sei und ihr dieser Beruf, obwohl er oft sehr anstrengend war, viel Spaß mache. »Man lernt eine Menge Leute kennen«, sagte sie und lachte. »Immer wieder neue. Und wenn ein alter Bekannter zu uns zurückkommt, sagt er:›Guten Tag, Schwester Yariku. Na? Immer noch nicht in die Höhe geschossen?‹«

Erst als Tadaki das Schälchen leer gegessen hatte, begriff er, dass die Krankenschwester ihn auf diese Weise nur von seiner Appetitlosigkeit ablenken wollte. »Brav«, sagte sie, als sie ihm das Schälchen wieder abnahm, und lächelte spöttisch. »Für einen, der keinen Hunger hat, wirklich nicht schlecht.«

Tadaki lehnte sich in sein Kissen zurück und schwieg. Der Reis hatte sehr gut geschmeckt, es war ja nicht nur Rindfleisch, sondern auch etwas Fisch drin gewesen. Er konnte sich nicht erinnern, je zuvor einen so tollen Reis gegessen zu haben.

Schwester Yariku ging immer noch nicht. Sie stellte das Kopfende seines Bettes etwas niedriger und blieb auf seinem Bett sitzen. »So«, sagte sie und guckte erwartungsvoll. »Nun erzähl mir von dir. Der Doktor hat gesagt, dass du Tadaki heißt. Ein Kollege von meinem Mann heißt genauso. Bist du aus Bandung? Der Doktor hat gesagt, dass dein Betjak aus Jakarta kam. Er hat es an der Lizenz gesehen. Kommst du auch aus Jakarta?«

Tadaki brauchte nur zu nicken.

»Und? Hast du Verwandte in Bandung?«

Diesmal brauchte er nur den Kopf zu schütteln.

»Was hast du hier gesucht? Arbeit?«

»Ja.« Er wollte endlich mal den Mund aufmachen. Diese Schwester Yariku beantwortete sich alle ihre Fragen selbst.

»Gibt es in Jakarta keine?«

»Nein.« So freundlich sie auch zu ihm war, er würde sich von ihr nicht aushorchen lassen.

»Hier gibt es auch keine.« Sie seufzte, stand auf und nahm das Tablett. »Aber jetzt rede nicht mehr so viel, du musst dich ausruhen. Morgen wird es dir schon viel besser gehen. Dann erzählst du mir alles, ja?«

Tadaki musste grinsen. Er sollte nicht so viel reden? Wer erzählte denn hier die ganze Zeit?

»Na, siehst du! Jetzt kannst du wenigstens schon wieder lächeln.« Schwester Yariku kniff ein Auge zu, drehte sich um und wollte zur Tür. Schnell fragte Tadaki: »Der Doktor – warum sieht er so komisch aus?«

»Dr. van Molenbek?«, fragte sie. Und als er nickte, sagte sie: »Ganz einfach – er ist nur ein halber Indonesier. Zur anderen Hälfte ist er Holländer – wie sein Vater.« Sie kicherte leise. »Er ist sehr nett, aber wenn er nur ein Pfleger wäre, würde man sagen, er ist ein Mischling. Da er ein Doktor ist, ist er ein Eurasier.«

»Was ist denn das?«

»Das sind die feineren Mischlinge. Und der Name besagt, dass er eben zu einer Hälfte aus Europa stammt und zur anderen aus Asien.«

Tadaki fragte nichts weiter. Von jener Zeit, als ihr Land noch eine holländische Kolonie war und viele Holländer eine Indonesierin heirateten, hatte Jato ihm schon erzählt.

»Er ist wirklich sehr nett«, betonte Schwester Yariku noch einmal. »Wenn er dich nicht mitgenommen hätte…« Sie verstummte und sagte dann leise: »Er bezahlt nämlich für dich.«

Also doch! Aber warum tat dieser Doktor das?

Schwester Yariku erriet die Frage. »Warum wohl? Weil er ein seltsamer Vogel ist. Er hat ein schlechtes Gewissen, schimpft über all die Armut, als wäre er selbst dran schuld.« Sie sah

Tadaki nachdenklich an. »Du hast großes Glück gehabt, dass ausgerechnet er dort vorbeigekommen ist. Aber sicher hast du dir das verdient.«

Tadaki sagte nichts mehr und die Schwester ging. Doch in Gedanken war er noch immer bei dem, was sie zuletzt gesagt hatte.

Sie hatte Recht, es war Glück, dass der Doktor ihn mitgenommen hatte. Aber nutzte ihm das? Die Geschichte vom Schwimmer und den Haien fiel ihm ein. Massari hatte sie oft erzählt. Sie ging so: Es war einmal ein Schwimmer im Meer, der begegnete einem Hai. Der Hai biss ihm einen Arm ab. Mit dem einen Arm schwamm der Mann weiter, bis er noch einen Hai traf. Der biss ihm den anderen Arm ab. Also schwamm der Mann mit den Beinen weiter, bis ein dritter Hai kam und ihm das linke Bein abfraß. Nun hatte der Schwimmer nur noch ein Bein, und mit einem Bein allein konnte er nicht schwimmen. Als er aber kurz vorm Ertrinken war, kam ein vierter Hai vorbeigeschwommen. Nun gut, dachte der Schwimmer, dann wird eben noch dein zweites Bein gefressen, bevor du ertrinkst. Doch er hatte Glück, der vierte Hai mochte keine Einbeinigen…

Eine böse Geschichte! Ihn gruselte immer, wenn Massari sie erzählte, und auch Mutter wollte sie nie hören. Aber Massari erzählte sie gern. Für ihn war sie Wahrheit. »So ist das Leben«, sagte er hinterher jedes Mal. »Es ist gemein und böse. Und das Beste ist, du lachst drüber.«

Dieser Doktor war sein vierter Hai, weiter nichts. Er hatte ihn gerettet, aber nur für kurze Zeit. Wenn sie ihn wieder aus dem Krankenhaus entließen, musste er doch ertrinken.

Fast ein Geschäft

In der darauf folgenden Nacht schlief Tadaki immer nur für
kurze Zeit ein. Er war nicht richtig müde, hatte ja die letzten
zwei Tage durchgeschlafen. Wenn er dann wach lag in dem
dunklen, nur vom Mondschein erhellten Zimmer, fühlte er
sich fremd in seiner Haut.

War das wirklich er, der hier lag, in diesem von so vielen
fremden Gerüchen erfüllten Haus? Träumte er das nicht alles nur – den Doktor, Schwester Yariku und auch das Bett?
Er lauschte auf die Schritte im Flur – richtige Schuhe auf
Linoleumfußboden, die mal gemächlich schmatzten, mal eilig klapperten – und versuchte, sich vorzustellen, wer da
draußen gerade vorbeilief oder was auf dem Flur geschah.
Aber er konnte es sich nicht vorstellen; er war ja noch nie in
einem Krankenhaus gewesen.

Erst gegen Morgen schlief er für längere Zeit ein. Als er danach erwachte, stand die Sonne schon hoch und das Fenster
war offen. Also war jemand bei ihm gewesen, hatte ihn aber
nicht geweckt, sondern nur das Fenster geöffnet. Er sah zu
dem Tisch neben seinem Bett. Ein kleines Frühstück stand
dort. Er rührte es nicht an. Er hatte keinen Hunger. In ihm
war eine tiefe Gleichgültigkeit. Egal, wie lange er noch hier
bleiben würde oder was sonst noch mit ihm passierte, er
würde es mit sich geschehen lassen. Ändern konnte er es ja
doch nicht.

Er sah zur Zimmerdecke hoch und versuchte, an nichts, an

gar nichts zu denken. Es gelang ihm nicht. Immer wieder sah er die verzerrten Gesichter der Betjakfahrer vor sich. Dass sie ihn wegjagen wollten, konnte er verstehen. Aber warum hatten sie ihm nicht einmal die Chance gegeben, etwas zu erklären? Und warum hatten sie gleich so brutal zugeschlagen? Sie hätten ihn ja beinahe totgeschlagen... Waren sie so arm?

Das konnte es nicht sein. Sie hatten ihr Betjak und ihre Lizenz. Also verdienten sie auch etwas.

Steckte mehr dahinter, irgendwas, von dem er keine Ahnung hatte? Nona würde es ihm vielleicht sagen können, sie kannte ja die Betjakfahrer...

Nona! Er sah sie vor sich. Er sah sie in seinem Betjak sitzen und ihm zulächeln, sah sie seinen Namen in den Kraterstaub schreiben und mit ihm im Bach herumalbern. Er hatte ihr helfen wollen – und nun hatte er sie im Stich gelassen. Auch wenn er nichts dafür konnte, er hatte sie im Stich gelassen.

Laute Geräusche drangen durch das offene Fenster zu ihm herein: Autofahrer, die ununterbrochen hupten, weil sie nicht schnell genug vorankamen; die Rufe der Händler, die vor dem Krankenhaus Obst und Blumen feilboten; das Rattern eines Pressluftbohrers irgendwo weit draußen auf einer Baustelle.

In der letzten Zeit war so viel geschehen, wie sollte er nur mit allem fertig werden? Noch dazu, wo er nun ganz allein war in dieser fremden Stadt. Seine Gleichgültigkeit war ja nur gespielt, in Wirklichkeit hatte er Angst, furchtbare Angst, wie alles weitergehen sollte...

Die Tür wurde geöffnet, der Doktor kam. »Na?«, fragte er und setzte sich zu ihm aufs Bett. »Gut geschlafen?«

Tadaki nickte stumm.

Der Doktor bat ihn, die Zunge herauszustrecken, fühlte seinen Puls und leuchtete ihm mit einer kleinen, sehr hellen Taschenlampe in beide Augen.

»Es sieht besser aus«, sagte er dann und lehnte sich ans Fußende zurück. »Du machst Fortschritte.« Tadaki antwortete nichts.

Der Doktor lächelte. »Heute darfst du schon ein bisschen mehr reden.«

Tadaki sah den Doktor nur an.

»Gut.« Der Doktor verstand. »Ich will dich nicht drängen. Aber vielleicht erlaubst du mir ein paar Fragen.«

Tadaki nickte.

»Dann sag mir als Erstes: Weshalb hat man dich so böse zusammengeschlagen? Was sucht ein Betjakfahrer aus Jakarta in Bandung?«

»Einen Onkel. Ich habe einen Onkel gesucht«, log Tadaki. »Sie … haben mich wohl für einen Wilderer gehalten.« »Wilderer?«, fragte der Doktor. »Ist das einer, der in einem fremden Revier nach Kunden sucht?«

Tadaki nickte wieder nur.

»Und dein Onkel? Wie heißt er? Wo wohnt er? Sollen wir ihn benachrichtigen?«

Tadaki schüttelte den Kopf. »Soewaro… Er heißt Onkel Soewaro… Aber die Straße weiß ich nicht.«

»Und was willst du von ihm?«

»Arbeit… Er soll mir helfen, Arbeit zu finden.«

Der Doktor zog die Augenbrauen hoch. »Ein Betjakfahrer aus Jakarta sucht in Bandung Arbeit? Du hattest doch Arbeit in Jakarta, ich hab die Lizenz gesehen.«

»Das… das ging nicht mehr…« Tadaki drehte den Kopf zur Seite.

»Und warum ging es nicht mehr?«

Tadaki schwieg. Wozu sollte er weiter lügen? Der Doktor glaubte ihm sowieso nichts; er hatte es ihm angesehen.

Langsam stand der Doktor auf und sah auf Tadaki herunter. »Ich bin dir nicht böse. Warum sollst du Vertrauen zu mir haben – du kennst mich ja gar nicht. Ich werde dir also keine weiteren Fragen mehr stellen. Vielleicht willst du ja eines Tages ganz von selbst mit mir reden.«

Als Antwort schloss Tadaki nur die Augen.

Der Doktor stand noch einige Zeit still neben seinem Bett, dann ging er. Tadaki hörte die Tür klappen, machte die Augen auf und sah lange Zeit nur starr geradeaus.

Er hatte schlecht gelogen. Aber wozu hätte er dem Doktor die Wahrheit sagen sollen? Der Doktor sollte ihn gesund machen, wenn er das unbedingt wollte, und dann sollte er ihn wieder laufen lassen…

Erneut wurde die Tür geöffnet. Schwester Yariku kam herein und brachte noch eine weitere, sehr viel jüngere Schwester mit.

»Guten Morgen!«, grüßte sie fröhlich. »Der Doktor hat gesagt, du darfst nun schon mal für kurze Zeit aufstehen. Das heißt, dass du von nun an auch zur Toilette gehen darfst. Aber die ersten Male wird unsere kleine Nusa dich begleiten – falls dir unterwegs schwindlig werden sollte.«

Vorsichtig richtete Tadaki sich auf und blieb erst mal auf der Bettkante sitzen. Er fühlte sich sehr schwach, und ihm war wirklich ein bisschen schwindlig im Kopf.

»Komm her! Ich pass auf.« Schwester Nusa schob ihren

Kopf unter seinen Arm, stellte ihn behutsam auf die Beine und führte ihn langsam auf den Flur hinaus.

Zum ersten Mal sah Tadaki den Krankenhausflur mit den vielen Türen rechts und links, den rollenden Tragbahren, den kleinen Glastischen und den verschiedenen medizinischen Geräten, die dort abgestellt waren. Immer wieder wurde irgendwo eine Tür geöffnet, und eine Schwester flitzte hinein oder heraus, und auf den Bänken zwischen den Türen saßen Kranke mit Besuchern.

Nusa setzte ihn auf der Toilettenbrille ab, schloss die Klapptür und wartete draußen. »Wenn irgendwas ist, ruf mich nur«, sagte sie laut. »Wenn man krank ist, braucht man sich für nichts zu schämen.«

Tadaki musste Nusa nicht rufen. Und als sie ihn zurückführte, reichte es, dass sie seinen Arm nahm.

Schwester Yariku hatte inzwischen sein Bett gemacht. Er legte sich hinein und fühlte sich auf einmal sehr wohl. Er wollte das nicht, aber er kam gegen dieses Gefühl nicht an. Schwester Yariku bemerkte das. »Ja, ja«, sagte sie, ehe sie hinausging. »An das feine Leben bei uns kann man sich schon gewöhnen.«

Tadaki wollte nur ein wenig die Augen schließen, schlief aber sofort wieder ein. Als Schwester Nusa ihm das Mittagessen brachte, musste sie ihn wecken.

Diesmal brauchte er nicht lange zum Essen überredet werden; er hatte großen Hunger, und die Fleischspießchen schmeckten gut.

Schwester Nusa wischte, während er aß, den Fußboden auf. Sie war nur eine Hilfsschwester, wie Tadaki jetzt erfuhr, und noch nicht lange im Krankenhaus. Aber sie war froh, die

Stelle bekommen zu haben. Sie wollte demnächst heiraten, und ihr Verlobter verdiente nicht viel.

Der Doktor sah erst am Nachmittag nach Tadaki. Doch er hatte Zeit mitgebracht, viel Zeit, wie er sagte. Er rückte einen Stuhl vor Tadakis Bett und begann eine Unterhaltung mit ihm. Schwester Yariku, erzählte er schmunzelnd, habe ihm verraten, dass er sich über sein komisches Aussehen gewundert habe. Ob das stimme?

Tadaki wurde rot, nickte aber.

»Das muss dich nicht genieren.« Der Doktor lachte. »Ich weiß ja, wie ich aussehe.« Und er erzählte Tadaki von seinem Vater, einem holländischen Arzt, der sich in eine javanische Krankenschwester verliebt habe. »So bin ich auf die Welt gekommen – hier in Bandung. In Holland war ich nur ein paar Jahre. Ich habe dort studiert, weil mein Vater unbedingt wollte, dass ich auch Arzt werde. Damals hatte ich keine Lust dazu, fuhr nur aus Neugier nach Europa. Heute macht mein Beruf mir Spaß.«

Nicht mit einer einzigen Bemerkung oder einem Blick erinnerte der Doktor Tadaki an ihr Onkel-Gespräch. Er erzählte ihm erst lang und breit von Holland und dann von seiner Familie.

»Meine Frau kommt aus Semarang«, sagte er. »Sie ist auch Ärztin. Und meine Kinder werden wahrscheinlich eines Tages ebenfalls den weißen Kittel anziehen.« Er lachte. »Ist wohl so was wie Familienschicksal.«

Tadaki lachte nicht. Was ging ihn das alles an? »Schwester Yariku hat gesagt, Sie bezahlen für mich«, sagte er plötzlich. »Warum tun Sie das? Wir sind doch nicht miteinander verwandt.«

»Warum wohl?« Der Doktor wurde ernst. »Ich wollte mir einen Gefallen tun. Verstehst du – mir, nicht dir!«

Nein, das verstand Tadaki nicht.

»Hab ich dir nicht eben erst erzählt, wie gut es mir geht – mir und meiner Familie?« Der Doktor rückte seinen Stuhl ein wenig dichter an Tadaki heran. »Ich hab dir das erzählt, um dir klarzumachen, dass ich bisher viel Glück hatte. Andere haben nicht so viel Glück. Es gibt böse Armut in unserem Land. Ich sehe das – und ich schäme mich dafür. Ich bin ja Arzt, meine Pflicht ist es zu helfen. Aber es sind einfach zu viele, denen geholfen werden müsste. Also bleibe ich in meinem Krankenhaus und helfe nur denen, die meine Hilfe bezahlen können. Ich finde das nicht gerecht, ich finde das schlimm, aber ich kann es nicht ändern.«

Jetzt musste es gleich kommen. Tadaki sah den Doktor gespannt an.

»Ich helfe dir, um mir mein Gewissen zu erleichtern. Allen kann ich nicht helfen, da bist du so eine Art Alibi für mich. Ich bezahle deinen Aufenthalt hier und darf mir dafür einbilden, ein guter Mensch zu sein. Es ist fast ein Geschäft, was wir beide miteinander machen. Ich bezahle für dich – und du ›bezahlst‹ mich auch. Es gibt keinen Grund für dich, mir dankbar zu sein.«

Tadaki konnte es kaum glauben. Ein Arzt – ein Reicher! –, der ein schlechtes Gewissen hatte? Und nur, weil andere arm waren und er nicht? Was konnte der Doktor denn dafür? Er sollte froh sein, dass es ihm gut ging, und sich keine Sorgen um andere machen.

Diesem Gespräch mit dem Doktor folgten viele weitere. Fast jeden Tag kam er für eine halbe Stunde zu Tadaki herein und sprach mit ihm. Dabei lernte Tadaki den Doktor immer besser kennen. Und nach und nach verstand er ihn.

Der Doktor dachte vieles von dem, was er auch gedacht hatte, damals, als Zora krank war, und noch lange hinterher. Aber er hatte so gedacht, weil Zora seine Schwester war und er selbst auch zu den Armen gehörte. Dass der Doktor sich ähnliche Gedanken machte, war etwas anderes.

Manches andere erinnerte Tadaki an seine Gespräche mit Damani. Der Doktor drückte es nicht so aus, aber seine Gedanken und Wünsche waren die gleichen. »Es muss nicht unbedingt Arme und Reiche auf der Welt geben«, sagte er einmal. »Es wäre für alle genug da – wenn nur alle das wollten.«

Auch mit den Schwestern verstand Tadaki sich bald immer besser. Mit Schwester Yariku scherzte er oft und Schwester Nusa lächelte er nur stumm zu. Sie lächelte dann zurück und das reichte. Sie machte den Mund nur auf, wenn es unbedingt sein musste. Es gab noch andere Schwestern auf der Station, aber die beiden, die Tadaki als Erste kennen gelernt hatte, blieben ihm die liebsten.

War er allein in seinem Zimmer, dachte er viel nach. Zwar hatte der Doktor ihm Comics mitgebracht, aber den ganzen Tag nur Bilder betrachten und erraten, was in den Sprechblasen stand, machte keinen Spaß. Lieber träumte er sich in vergangene Zeiten zurück. Oft sah er sich mit Dopo durch die Straßen ziehen oder mit Zora vor Madis Bambuszaun spielen. Er sah sich mit Massari im Fluss angeln und musste daran denken, wie er sich immer gefreut hatte, wenn er einen größeren Fisch fing als Massari. Er sah Mutter, wie sie Wäsche wusch, klein, gebückt und doch mit fester Hand die Wäschestücke auf die Steine schlagend, und er sah Jato, wie er mit Vater schimpfte, weil er wieder mal zu gutmütig gewesen war… »Immer teilst du mit anderen«, hatte Jato gesagt. »Und deine eigene Familie?« – »Ach, Jato!«, hatte der Vater erwidert. »Was hast du, wenn du einen Krümel in der Mitte teilst? Zwei Krümel! Unser Krümel bleibt uns also erhalten.«

Die viele Zeit, die er hatte, brachte es mit sich, dass Tadaki sich an Szenen erinnerte, die er schon längst vergessen hatte. Und er fand es seltsam, dass Vater und Zora in seinem Kopf so lebendig geblieben waren, als hätte er sie gestern erst gesehen. In der Erinnerung konnte also niemand sterben? Das war fast ein Trost, denn das bedeutete ja auch, dass Damani immer bei ihm bleiben würde.

An manchen Tagen aber dachte er nur an Mutter. Dann stellte er sich vor, wie sie jetzt lebte, allein mit Jato – und wie sie an ihn dachte und sich um ihn sorgte. Und er fragte sich, ob Massari sich bei ihr blicken gelassen hatte, sei es auch nur, um nach ihm zu fragen.

Die Zeit verging und sein Zustand besserte sich. Das Pflaster wurde abgenommen – und er sah mit großer Erleichterung im Spiegel, dass der Doktor nicht gelogen hatte: Seine Nase sah tatsächlich noch genauso aus wie zuvor. Der Verband um den Kopf kam ab – und er war darunter nur ein bisschen blasser, abgesehen von den wunden Hautstellen. Nur die Rippen schmerzten, wenn er sich vorbeugte, immer noch ein wenig. Also war er nun fast wieder gesund, und das hieß, dass er bald aus dem Krankenhaus entlassen wurde. Doch der Doktor schien nicht daran zu denken. Wenn er ihn untersuchte, freute er sich nur. »Na bitte! Alles wieder okay. Wenn man so jung ist, verträgt man eine Menge.« Erst nachdcm auch die Rippen nicht mehr schmerzten und Tadaki sich schon seines faulen Lebens schämte, sagte der Doktor: »Tut mir Leid. Aber nun ist es so weit. Wir müssen uns trennen. Wenn ich dich länger hier behalte, muss ich mit mir selber schimpfen. Du bist wieder gesund, und ein Gesunder gehört nicht ins Krankenhaus.« Tadaki nickte nur. Der Abschied fiel ihm schwerer, als er gedacht hatte.

Der Doktor sah ihn aufmerksam an. »Wenn du nach Jakarta zurückwillst«, sagte er leise, »gebe ich dir natürlich das Fahrgeld. Das ist kein Problem, darüber brauchen wir nicht zu reden. Aber was wirst du in Jakarta machen – ohne Betjak?« Tadaki antwortete nichts. Ob in Jakarta oder in Bandung, ohne Betjak blieb ihm nur das Betteln. Und was das einbrachte, wenn einer kein Kind und kein Krüppel war, wusste er. Doch wozu sollte er dem Doktor das erzählen?

»Ich hab da so eine Idee«, sagte der Doktor nachdenklich. »Du hast doch sicher schon bemerkt, dass in unserem Hospital nicht nur Schwestern, sondern auch Pfleger beschäftigt sind. Und so wie es Hilfsschwestern gibt, gibt es auch Hilfspfleger... Wenn du willst, behalten wir dich hier – als Hilfspfleger. Das heißt, dass du von nun an wie alle anderen Hilfskräfte arbeiten musst und dafür einen Lohn bekommst. Schlafen kannst du in einer der kleinen Kammern unterm Dach.

Er sollte Hilfspfleger werden – die gleiche Arbeit machen wie Nusa? Tadaki wollte nicht glauben, was er gehört hatte.

Dem Doktor schien die Idee zu gefallen. »Was hältst du davon? Als Hilfspfleger musst du Fußböden wischen, alte Verbände und Medikamente vernichten und den Schwestern zur Hand gehen. Ich bin sicher, dass du das schnell lernst.«

»Aber… ich kann ja nicht mal lesen und schreiben.« Tadaki wusste nicht, was er sonst dazu sagen sollte. Dieses Angebot beschämte ihn. Und es machte ihm Angst. Was der Doktor ihm zutraute, erschien ihm zu viel; viel zu viel.

»Du musst es nicht können. Jedenfalls nicht gleich am ersten Tag.

Aber natürlich, später wäre es schon wichtig.« Der Doktor lächelte Tadaki Mut machend zu. »Doch das kannst du ja lernen. Ich finde, das gehört mit zu unserem Geschäft, dass ich dir das beibringe. Jeden Tag eine halbe Stunde werde ich auch in Zukunft für dich Zeit haben. Und wenn du willst, auch länger.« Er schwieg einen Moment und sagte dann: »In einigen Monaten ist in Jakarta ein Ärztekongress. Da muss ich hin, dann kannst du mitfahren und danach entscheiden, ob du in Jakarta bleiben oder wieder mit mir zurückkehren willst.«

Wenn er noch in Bandung blieb, war er vor Tung Ho sicher und auch vor der Polizei. Er konnte vielleicht doch noch seinen Brief losschicken – und er würde Nona wieder sehen.

Mit einem dicken Kloß im Hals nickte Tadaki.

Der Junge im Spiegel

Es gab mehrere kleine und größere Kammern unter dem Dach. Immer zwei oder drei Pfleger schliefen zusammen. Tadaki zog zu Ayam in die Kammer, einem schon sehr alten und ruhigen Mann, der nur laut wurde, wenn die jungen Pfleger über seinen Namen Witze rissen oder laut »Gok – Gok« machten.[*] Ob einer für seinen Namen was könne oder nicht, war das einzige Thema, das Ayam interessierte. In seiner Freizeit schlief er viel oder hockte bei den Obst- und Blumenhändlern vor dem Krankenhaus und beobachtete den Verkehr.

Neben seinem Bett hatte Tadaki ein Schränkchen stehen. Da hinein legte er all das, was die Schwestern Yariku und Nusa ihm zum Abschied geschenkt hatten: einen Zahnputzbecher, eine Zahnbürste und ein Stück Seife.

Das Handtuch, das er vom Krankenhaus zur Verfügung gestellt bekam, legte er dazu.

Natürlich hatten Yariku und Nusa gewusst, dass er im Hospital blieb. Sie hatten ihn trotzdem verabschiedet – als Kranken. Der Patient Tadaki und der Kollege Tadaki wären zwei ganz unterschiedliche Personen, hatte Schwester Yariku gesagt.

Die erste Nacht in der Kammer schlief er nicht viel. Er war so ausgeruht wie noch nie zuvor in seinem Leben. Über drei

---

[*] Ayam bedeutet Huhn.

Wochen lang hatte er nichts anderes getan, als von morgens bis abends im Bett zu liegen, zu essen, zu schlafen, zu träumen und nachzudenken. Er dachte auch in dieser Nacht wieder nach – aber über nichts anderes als den kommenden Tag. Würde er sich nicht zu dumm anstellen? Würde der Doktor sich nicht seinetwegen schämen müssen? Der Doktor hatte sich sehr dafür eingesetzt, dass er die Stelle bekam – blamierte er sich, blamierte der Doktor sich auch.

Am nächsten Morgen war er dann sehr müde. Doch die Aufregung in ihm vertrieb die Müdigkeit schnell. Er zog die weiße Pflegerkleidung an, die er vom Hospital bekommen hatte, und meldete sich bei Schwester Yariku. Ihr sollte er zur Hand gehen, sie hatte sich von nun an um ihn zu kümmern. Und die kleine runde Schwester kümmerte sich um Tadaki. Vom ersten Augenblick an war sie eine andere als jene Schwester Yariku, die Tadaki bisher kennen gelernt hatte. Nun erst begriff er, was sie damit gemeint hatte, als sie von dem Unterschied zwischen Patienten und Kollegen gesprochen hatte. Wie ein Affendompteur stand sie vor ihm und hielt ihm gleich zu Anfang eine strenge Predigt. Er sei jetzt ein Lehrling, sagte sie, aber er lerne nicht, die Straße zu kehren oder Bonbons zu verkaufen, sondern er lerne den Umgang mit kranken Menschen. Er trage von nun an eine große Verantwortung, deshalb müsse er unentwegt Augen und Ohren aufsperren und alle Aufträge prompt und bestens erledigen. Ein Krankenhaus sei kein Rummelplatz, alles habe seine Ordnung, und da müsse er sich einfügen wie der Knopf, der ins richtige Knopfloch gehörte.

Tadaki bemühte sich, es Schwester Yariku recht zu machen. Jeder ihrer Anweisungen lauschte er wie einer Offenbarung.

Doch es war schwer, es ihr recht zu machen. Sie war sehr streng und kontrollierte alles genau nach. Wischte er den Fußboden, kniete sie sich hin und guckte, ob sich auch das Deckenlicht in ihm widerspiegelte; brachte er einem Patienten Essen, rückte sie die Schälchen, Teller und Gläser auf dem Tablett jedes Mal neu zurecht; bekam er den Auftrag, ein Krankenbett zu desinfizieren, kam sie ständig nachsehen, ob er auch keine Strebe ausließ.

Das Schlimmste aber waren all die fremden Namen und Begriffe, die er lernen musste. Er musste ja erst mal verstehen, was die Schwestern und Pfleger überhaupt von ihm verlangten, bevor er den Auftrag erledigen konnte. Für lange Erklärungen hatten sie meistens keine Zeit. Wie oft fürchtete er, etwas falsch verstanden zu haben – und wie oft hatte er, was man ihm gesagt hatte, tatsächlich falsch verstanden, wurde ausgeschimpft und musste noch mal loslaufen.

Dazu kamen all die vielen einzelnen Abteilungen mit den so fremd klingenden Bezeichnungen. Das Universitätshospital bestand ja aus vielen verschiedenen Häusern, in denen jeweils ganz andere Krankheiten geheilt wurden. Es gab die I. Medizinische Abteilung, die II. Medizinische Abteilung, die Urologie, die Dermatologie, die Onkologie, die Chirurgie, die Orthopädie, die Stomatologie und so weiter und so fort. Immer wieder verlief er sich, suchte und suchte und geriet in Panik, weil er wusste, dass man auf der Station ungeduldig auf seine Rückkehr wartete. Oft beschwerte sich dann die Schwester oder der Pfleger bei Schwester Yariku über seine Langsamkeit, und dann schimpfte sie mit ihm. Einmal aber passierte etwas so Schlimmes, dass Schwester Yariku sogar mit ihm zum Doktor ging.

Er hatte einen Patienten, der nach einer schweren Operation noch immer im Rollstuhl saß, in die Onkologie bringen sollen. Die Onkologie lag keine zweihundert Meter weit entfernt, er aber hatte anderthalb Stunden gebraucht, bis er die Station fand. Er hatte immer wieder die Namen verwechselt und den Rollstuhl mit dem Patienten von einer falschen Abteilung in die andere geschoben. Der Patient, ein dicklicher, junger Mann, hatte sich darüber so aufgeregt, dass ihm ganz schlecht geworden war und einer der Ärzte ihm erst mal ein Beruhigungsmittel geben musste.

Der Doktor hörte sich still alles an, und Tadaki stand dabei und schämte sich.

Als Schwester Yariku endlich schwieg, sagte der Doktor ihr erst einmal, dass sie völlig Recht habe mit ihrer Beschwerde. Er bitte sie aber, noch ein wenig Geduld zu haben. Was geschehen wäre, hätte er zu verantworten und nicht Tadaki. Er hätte einen Fehler gemacht, wisse aber nun, was er falsch gemacht habe, und werde es ändern.

Nun schämte Schwester Yariku sich. Sie fing vor dem Doktor an zu weinen und sagte, dass sie Tadaki doch auch ins Herz geschlossen habe. Aber Arbeit sei Arbeit, und lernen müsse er nun mal, und wenn er sich nicht anstrenge, würde nie ein guter Pfleger aus ihm werden.

»Ich bin sicher, dass er sich anstrengt«, tröstete der Doktor sie. »Aber ich glaube, dass wir beide uns gar nicht vorstellen können, wie schwer das ist, was wir von ihm verlangen. Wir müssen ihm mehr helfen.«

Schwester Yariku sah erst den Doktor an, dann Tadaki. Schließlich nickte sie still und ging schnell wieder hinaus. Tadaki wollte auch gehen, der Doktor hielt ihn zurück.

»Wir hätten schon mit dem Schreiben und Lesen anfangen müssen«, sagte er. »Ich wollte noch warten, damit du mehr Zeit hast, dich bei uns einzugewöhnen. Das war ein Fehler. Wir fangen noch heute mit dem Unterricht an.«

Tadaki fürchtete sich vor dem Unterricht. All die fremden Buchstaben, die er da lernen sollte – er glaubte, das nie zu schaffen. Doch der Doktor war ein guter Lehrer. Jedes Mal, wenn Tadaki nach Dienstschluss in sein Zimmer kam, schob er alle anderen Schriftstücke beiseite und rieb sich unternehmungslustig die Hände – so, als freute er sich auf den Unterricht. Und begriff Tadaki etwas nicht, verlor er nicht die Geduld, sondern erklärte es ihm immer wieder neu.

Die ersten Worte, die Tadaki schreiben lernte, waren die Namen der verschiedenen Abteilungen. Und während er diese so fremdartig klingenden Bezeichnungen immer wieder aufschrieb und vorlas, erklärte ihm der Doktor, dass das lateinische Begriffe waren und was sie auf Indonesisch bedeuteten. Er erzählte ihm, welche Krankheiten in diesen Abteilungen behandelt wurden und was sie voneinander unterschied. Er lachte selbst über ihre Vorgehensweise und sagte, dass jeder Schullehrer ihm vorwerfen würde, den Tiger zu zerlegen, bevor er ihn erjagt hatte. Doch zuerst müsse Tadaki all das können, was er für seine Arbeit benötige. Für alles andere sei später Zeit.

Tadaki gefiel diese Art von Unterricht. Er wollte nicht mehr zwischen den Abteilungen herumhasten wie durch einen dunklen Wald. Vor allem aber wollte er nicht noch einmal erleben, dass der Doktor zugeben musste, einen Fehler gemacht zu haben. Der Doktor sollte nicht zu Unrecht so viel Vertrauen zu ihm haben. Jedes Hinweisschild, das den Besuchern den Weg zeigte, war nun Training für ihn. Wenn er es lesen konnte, freute er sich.

Der Doktor erklärte ihm auch, dass Bandung nicht nur die Stadt der Blumen und Mädchen sei, sondern vor allem die Stadt der Krankenhäuser. In Bandung gebe es mehr Krankenbetten als in jeder anderen Stadt Indonesiens – und das, obwohl Bandung fünfmal kleiner als Jakarta war. Und die Bandunger Universität sei sogar in Europa und Amerika bekannt.

Tadaki war nun fast ein wenig stolz darauf, in einem so berühmten Krankenhaus beschäftigt zu sein – wenn er nur das Gefühl gehabt hätte, seiner Aufgabe gewachsen zu sein. Je mehr er begriff und je besser er sich im Hospital zurechtfand, desto größer wurde sein Ehrgeiz: Er wollte nun endlich ein vollwertiger Hilfspfleger sein – wollte es, um den Doktor nicht zu enttäuschen, wollte es, um Schwester Yariku zu zeigen, dass sie zu früh verzagt hatte, wollte es, um es sich selbst zu beweisen.

Wie gehetzt flitzte er durch die Flure, ließ sich von nichts ablenken und war immer bereit, Neues hinzuzulernen. In der Hosentasche trug er einen kleinen Schreibblock und einen Bleistift. Stieß er auf ein Wort, das er noch nicht kannte, schrieb er es ab, und der Doktor erklärte es ihm am Abend. Er übte und übte und übte, während der Arbeitszeit und danach. Er lernte so intensiv, dass der Doktor sich schon bald über seine Fortschritte wunderte.

Und auch die Schwestern und Pfleger wunderten sich. War das noch derselbe unsichere Junge, über den sie sich so oft ärgern mussten? Immer öfter wurde er gelobt – für seine Schnelligkeit genauso wie für sein gründliches Wischen der

Flure und Zimmer. Nicht einmal Schwester Yariku kam umhin, ihn irgendwann das erste Mal zu loben. Das machte Tadaki neuen Mut, er wurde noch eifriger und musste vom Doktor gebremst werden.

»Dein Eifer in allen Ehren«, sagte er zu Tadaki. »Aber wenn du so weitermachst, klappst du uns nächste Woche zusammen. Übertreib es nicht. Du sollst nicht der beste Hilfspfleger der Welt werden, sondern nur einer von vielen tüchtigen Pflegern.«

Tadaki wurde ein wenig ruhiger, aber die Konzentration aufs Lernen blieb. Er wollte nun endlich schreiben und lesen können. Auch Damani zuliebe, der ja immer gewollt hatte, dass er es lernte.

Er hatte Damanis Plan, Tung Ho von Bandung aus als Bah Bolong anzuzeigen, nicht vergessen. Er wollte ihren Plan ausführen, weil er sich ja sonst nie wieder in Jakarta blicken lassen konnte. Doch dazu reichten seine Schreibkenntnisse noch lange nicht. Und sollte er den Doktor um den Brief bitten? Wenn er das tat, musste er ihm die Wahrheit sagen. Und das konnte er, soviel Vertrauen er inzwischen auch zu ihm hatte, immer noch nicht. Wie sollte er damit anfangen, ohne gleich als Erstes zugeben zu müssen, dass er seine Onkel-Geschichte nur erfunden hatte?

Der Gedanke an die Lüge, die zwischen ihm und dem Doktor stand, war nicht das Einzige, was Tadaki in dieser Zeit quälte.

Immer öfter, wenn er abends im Bett lag und die Anspannung des Tages nur langsam von ihm wich, musste er an Nona denken; Nona, die immer noch nicht wusste, was ihn daran gehindert hatte, sich wieder mit ihr zu treffen. Aber wann sollte er sie wieder sehen? Wenn sie ins Hotel ging, hatte er noch Dienst, und wo sie wohnte, wusste er nicht.

Er musste einen seiner freien Tage abwarten, Nona vor dem Hotel abfangen und ihr alles erklären. Er hätte das schon längst tun können. Bisher aber hatte er noch nicht gewagt, das Hospital zu verlassen. Ihm war, als sei alles außerhalb des Hospitals ihm feindlich gesinnt; im Hospital fühlte er sich geborgen. Doch nun wurde der Wunsch, Nona wieder zu sehen, immer stärker. Oft malte er sich ihr überraschtes Gesicht aus. Wie würde sie gucken, wenn er plötzlich vor ihr stand! Sicher würde sie zuerst böse auf ihn sein, aber dann, wenn sie alles wusste, würde sie sich für ihn freuen. Da war er sich ganz sicher.

Die Hilfspfleger verdienten nur wenig. Doch es war ein festes Gehalt und wurde wöchentlich ausgezahlt. Tadaki versteckte seinen Lohn unter einer losen Diele in der Schlafkammer und schob sein Bett drüber. Er wollte noch nichts davon ausgeben. Erst wenn er Nona suchen ging, würde er sich was zum Anziehen kaufen.

Der nächste freie Tag fiel auf einen Mittwoch. Als er am Dienstagabend ins Bett ging, lag er trotz seiner Müdigkeit lange wach und malte sich immer wieder aus, wie Nona darüber staunen würde, dass er nun Arbeit hatte. Und in der Nacht träumte er von ihr. Es war ein guter Traum, einer, der ihn am Morgen froh erwachen ließ. Erst blieb er noch ein bisschen im Bett liegen und genoss es, nicht so zeitig aufstehen zu müssen, dann ging er gemächlich in den Waschraum, den er um diese Zeit ganz für sich hatte:

Er wusch sich gründlich und pfiff dabei Nonas Lied vor sich hin:

Rembulan und Matahari,
das bin ich und das bist du.
Ohne dich kann ich nicht leben,
nur mit dir finde ich Ruh…

Danach musterte er seine Privatkleider, das Hemd und die Hose, die er nun schon so lange nicht mehr angehabt hatte. Zwar waren sie in der Waschanstalt des Hospitals gewaschen worden, aber sie erschienen ihm nun doch sehr grau und durchgescheuert. Seufzend zog er sie an und holte sein Geld aus dem Versteck.

Dann ging er in die Innenstadt und wanderte von Geschäft zu Geschäft und von Stand zu Stand und betrachtete kritisch die Hosen und Hemden, die da in Mengen an den Stangen hingen. Es war zu viel, er wusste gar nicht, was er nehmen sollte. Schließlich kaufte er sich eine lange dunkelblaue Hose, ein kurzärmeliges weißes Hemd, neue Sandalen und Strümpfe und trug alles in seine Kammer, um es gleich anzuprobieren und sich im Waschraum damit vor den Spiegel zu stellen.

Er sah älter aus mit der langen Hose, erwachsener. Der Junge im Spiegel war nicht mehr der Tadaki, der mit einem Äffchen auf dem Kopf durch die Straßen zog. Er war auch kein Betjakfahrer mehr. Der Junge im Spiegel arbeitete in einem Krankenhaus, hatte manchmal viel Verantwortung zu tragen und konnte ein wenig lesen und schreiben. Er wusste, dass ein Dermatologe ein Hautarzt war und ein Stomatologe ein Zahnarzt. Die Schwestern und Pfleger hatten ihn gelobt, und auch der Doktor war zufrieden mit ihm. Der Junge im Spiegel war ein neuer Tadaki.

Mutters Spruch fiel ihm ein: *Wer nicht arm ist, der ist reich.* Der Junge im Spiegel sah nicht aus wie ein Armer. Er musste nicht hungern, und er hatte ein Bett – war also tatsächlich irgendwie reich.

Stolz auf sein neues Aussehen ging Tadaki zum Mittagessen in die Kantine, und noch selbstbewusster spazierte er durch die Straßen. An einem Kiosk kaufte er sich eine Zeitung und an einem Warung zwei Tüten Gado-Gado. Mit der Zeitung in der Hand und den Tüten neben sich setzte er sich nicht weit vom Homann-Hotel auf eine Bank und wartete.

Von hier aus konnte er den Hoteleingang im Auge behalten. Doch es war noch zu früh, er hatte Zeit und konnte ab und zu ein bisschen in die Zeitung schauen.

Er verstand nur wenig. Aber das eine oder andere Wort kannte er schon, und so konnte er versuchen, sich die Sätze zusammenzureimen. Das war ein gutes Training; vor allem, weil er die Zeitung ja immer wieder lesen konnte. Jeden Abend vor dem Einschlafen würde er darin lesen, bis zum nächsten freien Tag. Dann würde er sich eine neue kaufen.

Bald kamen die ersten Mädchen. Tadaki sah immer seltener in seine Zeitung und immer öfter zum Hoteleingang hin. Und von Mal zu Mal schlug sein Herz schneller: Nonas Gesicht, wenn sie ihn sah! Und wenn sie ihn dann fragte, was er mit der Zeitung wolle und er »Lesen! Was denn sonst?« sagen würde…

Bei dem Gedanken musste er lachen. Aber dann wurde er langsam unruhig. Die Sonne sank tiefer und tiefer, und es war schon lange kein Mädchen mehr gekommen. Wo blieb Nona? Hatte er sie verpasst, hatte er irgendwann einmal zu lange in die Zeitung geguckt?

Er konnte nicht mehr sitzen bleiben. Er steckte sich die Zeitung ins Hemd, nahm die beiden Tüten mit dem Gado-Gado in die Hand und schlenderte zum Hoteleingang hinüber. Dort wanderte er auf und ab, sah Autos vorfahren und Gäste aussteigen, sah Leute kommen und gehen, aber Nona kam nicht.

Und wenn sie nun doch schon im Hotel war und er sie verpasst hatte? Was sollte er dann tun? Er konnte doch nicht hineingehen. Bis zu seinem nächsten freien Tag aber würden wieder viele Tage vergehen… Er zögerte noch, was er tun sollte, als plötzlich Kebon aus dem Hotel kam. Er wollte an Tadaki vorbeigehen, aber Tadaki trat ihm in den Weg. »Ich suche Nona«, sagte er hastig. »Ist sie schon drin?«

Kebon guckte ihn lange an und fing an zu grinsen. »Ach ja! Du bist ja der kleine Betjakfahrer.«

Tadaki fand es seltsam, dass Nonas Beschützer ihn wieder erkannte. Er hatte ihn doch nur von weitem gesehen, und das auch nur ein einziges Mal. Doch wo Nona war, interessierte ihn mehr. »Ist sie schon drin?«, wiederholte er seine Frage.

»Nein«, sagte Kebon, der an diesem Tag ein knallgrünes Hemd mit einem sehr bunten Schlips trug. »Sie ist nicht drin. Und sie kommt mir auch nicht mehr da rein, verstehst du?«

Tadaki verstand nicht. »Und wo ist sie?«, fragte er. »Weißt du ihre Adresse?«

»Nein.« Kebon gab sich keine Mühe zu verbergen, dass er log. »Ich weiß es nicht und will es auch nicht wissen. Und dich geht's nichts an.«

»Aber du kannst mir doch wenigstens sagen, wo sie wohnt.«

»Kann ich«, sagte Kebon nun, »will ich aber nicht.« Und

dann grinste er Tadaki wieder an und fragte: »Und? Geht's dir wieder besser?«

Diese Frage verwirrte Tadaki. Wie konnte Kebon wissen, was ihm passiert war?

Kebon freute sich über Tadakis erstaunten Blick. »Tja, Kleiner! Wer andern in die Quere kommt, darf sich nicht wundern, wenn ihm das übel genommen wird. Jeder hat so seine Interessen, weißt du?«

Sollte das heißen, dass Kebon die Betjakfahrer auf ihn gehetzt hatte? Aber aus welchem Grund? Was ging es ihn an, mit wem Nona sich in ihrer Freizeit traf?

»Na? Hast du kapiert?« Kebon schüttelte zwei Zigaretten aus seinem Päckchen, steckte eine davon in Tadakis Brusttasche und zündete sich die andere an. »Es passt mir nicht, wenn meine Mädchen sich mit fremden Burschen herumtreiben. Was mir gehört, gehört mir. Verstanden? Also such dir das nächste Mal ne andere Mieze und keine, die Kebon gehört.« Damit stieg er in sein kleines rotes Auto und fuhr mit aufheulendem Motor davon.

Tadaki sah dem Auto noch einen Augenblick nach, dann nahm er die Zigarette aus der Brusttasche und warf sie weg. Jetzt war ihm alles klar, jetzt wusste er, weshalb die Betjakfahrer so brutal gewesen waren. Es waren ganz bestimmte Betjakfahrer gewesen… Mit seiner Wilderei hatte der Überfall auf ihn gar nichts zu tun gehabt. Langsam ging er weiter in Richtung Altstadt. Er musste Nona in der Gegend suchen, in der sie sich immer getroffen hatten. Doch der Weg war weit, er hatte Zeit zum Nachdenken. Wenn ihm nun auch vieles klar war, eines verstand er immer noch nicht: Warum arbeitete Nona nicht mehr für Kebon? Und wieso hatte Kebon gesagt, sie komme ihm nicht mehr ins Hotel? Hatten die beiden sich gestritten – und hatte das mit ihm zu tun?

Diese Fragen konnte nur eine beantworten: Nona. Aber dazu musste er sie erst einmal finden. Dort, wo sie sich immer getroffen hatten, war sie natürlich nicht. Er musste die ganze Gegend abklappern, Straße für Straße. Und er musste viel Glück haben, wenn er sie schnell finden wollte.

Mit seinen beiden Tüten Gado-Gado in den Händen bog Tadaki in die Gassen der Altstadt ein. Es dunkelte, in den Garküchen brannten die ersten Lichter. Männer und Frauen saßen beisammen, aßen, unterhielten sich, schrien und lachten. Tadaki sah allen Frauen und Mädchen in die Gesichter, aber er erwartete nicht, Nona hier anzutreffen. Wer für die Familie zu sorgen hatte, ging in keine Garküchen.

Vor einem Haus hockten zwei Kinder, ein Junge und ein Mädchen. Sie waren nicht älter als fünf und sahen unentwegt zu einem kleinen Laden hinüber, dessen Schaufenster mit Lebensmitteln und Süßigkeiten gefüllt war. Tadaki hockte sich zu ihnen und lächelte freundlich.

Die beiden lächelten zurück, blickten aber gleich wieder zu dem Schaufenster hin.

»Kennt ihr ein Mädchen, das Nona genannt wird?«, fragte Tadaki leise.

Das kleine Mädchen verzog das Gesicht und zeigte eine riesige Zahnlücke. »Ich bin auch eine Nona.«

»Ich weiß«, sagte Tadaki. »Aber dieses Mädchen ist schon groß, fast eine Frau. Und in Wirklichkeit heißt sie Padjadjarana.«

Die beiden Kinder kannten kein großes Mädchen, das so hieß.

»Sie hat nur noch einen Vater, drei Brüder und zwei Schwestern.«

Auch das half nichts, die beiden kannten Nona nicht. Enttäuscht zog Tadaki weiter und stieß in einer Nische zwischen zwei Häusern auf eine Gruppe Obdachloser. Männer, Frauen, Jungen, Mädchen und viele kleine Kinder hockten im Kreis um ein Feuer und brieten Reis. Die Szene erinnerte ihn an Jakarta, an Mutter, Zora und Massari. Aber daran wollte er jetzt nicht denken, er musste Nona finden. Höflich hockte er sich zwischen zwei Mädchen, die ungefähr in Nonas Alter waren, und sagte, was er von Nona wusste.

Die Obdachlosen verstanden ihn falsch. Seine neue Kleidung war daran schuld. »Wenn du mal willst«, sagte ein junger Bursche und wies auf die beiden Mädchen, »fünftausend Rupiah, und du kannst dir eine aussuchen.«

Die beiden Mädchen kicherten, und Tadaki stand schnell auf. »Nein«, sagte er. »Ich suche wirklich ein Mädchen, das hier wohnen soll.«

»Dafür sind wir nicht zuständig.« Der Bursche grinste schief. »Aber wenn du deine Nona nicht findest, kannst du ja wiederkommen und dir eine von unseren Nonas aussuchen.«

Wieder kicherten die Mädchen, und Tadaki zog sich ins Dunkel zurück und lief weiter durch die Gassen. Nun war es schon sehr dunkel, und er brauchte nur noch dorthin zu gehen, wo Lichter brannten und er etwas sehen konnte. Er fragte junge Burschen und alte Männer, Frauen und Mädchen und vor allem Kinder, immer wieder Kinder. Er hoffte, vielleicht auf Nonas Geschwister zu stoßen. Aber alles war umsonst, niemand kannte Nona, und in der Dunkelheit würde er sie auch nicht mehr erkennen, wenn sie ihm nicht direkt über den Weg lief. Er gab auf und machte sich auf den Weg zurück zum Hospital.

Die beiden Kinder hockten immer noch vor dem Lebensmittelladen. Kurz entschlossen drückte Tadaki jedem von ihnen eine Tüte Gado-Gado in die Hand und ging weiter.

»Danke, Mister!«, rief der kleine Junge ihm nach, und Tadaki musste trotz seiner Enttäuschung lächeln: So ein Junge war er auch mal gewesen. Doch wie lange war das schon her?

In seiner Schlafkammer angekommen, zog Tadaki sich gleich aus, verstaute seine Zeitung im Schränkchen und legte sich ins Bett. Ayam schlief schon, sein leises Schnarchen erfüllte die ganze Kammer. Aber das war nicht der Grund, weshalb Tadaki noch so lange wach lag, es war der Gedanke an Nona.

Wenn sie nicht mehr ins Hotel ging, wovon lebte sie jetzt? Wer ernährte ihre Familie?

Er schwor sich, am nächsten freien Tag wieder durch die Altstadt zu wandern. Aber dann würde er gleich morgens losgehen, damit er einen ganzen Tag Zeit hatte. Im Hellen suchte es sich besser; und wenn er viel Zeit hatte, konnte er auch in den Läden nach ihr fragen. Irgendjemand musste sie kennen, so groß war Bandung nicht. Und wenn er alle freien Tage, die ihm zustanden, dafür opfern musste – er würde sie finden.

Dieser Gedanke tröstete ihn und machte ihm Mut. Und so schlief er trotz Ayams Geschnarche bald ein.

Kleine Schritte

Tadaki suchte weiter nach Nona. Immer wenn er einen freien Tag hatte, zog er durch die Altstadt. Straße für Straße lief er ab. Er spähte in alle Nischen und Winkel, alle Garküchen und kleinen Läden, und er fragte alle möglichen Leute nach Nona. Doch er fand sie nicht. Es war, als hätte es nie eine Nona gegeben und als hätte er das alles nur geträumt – wie sie sich kennen lernten, die Fahrt zum Perahu hoch, der Abschied vor dem Hotel.

Wenn er wenigstens ihren Nachnamen wüsste! Seine Beschreibung traf auf so viele Mädchen zu, und Vornamen sagten so wenig. Wer kannte schon eine ganze Familie beim Vornamen, wenn er nicht mit ihr befreundet oder verwandt war? Zweimal hatte er umsonst gehofft, weil die Leute, die er fragte, glaubten, Nona zu kennen. Doch als er an den Wohnungstüren, hinter denen Nonas Familie leben sollte, klopfte, öffneten ihm jedes Mal fremde Mädchen, die genau wie Nona Vater und Geschwister durchbringen mussten.

Er gab nicht auf, aber er verlor die Hoffnung. Immer öfter ging er nur noch spazieren, immer weniger suchte er wirklich. Hätte er an seinen freien Tagen etwas anderes zu tun gehabt, vielleicht hätte er die Zwecklosigkeit seiner Suche längst eingesehen. Doch er hatte nichts anderes zu tun, und es machte Spaß, die Stadt immer besser kennen zu lernen. Bandung gefiel ihm, Bandung war längst nicht so laut und überfüllt wie Jakarta. In Bandung gab es auch Armut, aber mit der Armut in Jakarta war diese Armut nicht zu vergleichen.

Wenn er müde wurde, setzte er sich irgendwohin und las die Zeitung. Er kaufte sie sich immer noch. Jeden freien Tag eine. Und die las er dann erst auf der Straße und danach Abend für Abend im Bett. Das war nicht nur ein gutes Training, das machte auch Spaß. Es stand ja so viel in der Zeitung. Nicht nur die Berichte über die Sportereignisse, die tags zuvor stattgefunden hatten, interessierten ihn, auch die Filmkritiken waren spannend zu lesen. In diesen Kritiken wurde fast immer der ganze Film erzählt. Er konnte sich beim Lesen richtig vorstellen, was in dem Film passierte, und verspürte immer öfter den Wunsch, sich einmal einen Kinobesuch zu leisten.

Was er nicht so gerne las, waren die jedes Mal sehr ausführlich geschilderten Verbrechen, die in der Stadt passierten. Das erinnerte ihn zu sehr an Jakarta. Und am wenigsten verstehen konnte er die politischen Artikel. Die las er nur, weil die Zeitung ja schließlich Geld gekostet hatte und darin die meisten Fremdwörter vorkamen. Fremdwörter zu erlernen machte ihm Spaß, seit er erkannt hatte, dass sie ganz harmlos waren, wenn man wusste, was sie bedeuteten.

Die Arbeit in der Klinik fiel ihm von Tag zu Tag leichter. Und je leichter sie ihm fiel, desto mehr Freude hatte er daran. Schwester Yariku blieb gar nichts weiter übrig, als ihn immer öfter zu loben. Anfangs tat sie es nur widerstrebend, so, als hätte sie Angst, er könne übermütig werden. Dann aber, als sie merkte, dass ihr Lob ihn nicht verdarb, war sie richtig stolz auf ihn. Einmal, als sie mit den anderen Schwestern Tee trank, hörte Tadaki sogar, wie sie mit ihm angab.

»Ja«, prahlte sie laut, »aus so einem Burschen kann man schon was machen, wenn man ihn richtig anpackt.

Eine Portion Strenge gehört dazu – und eine Portion Liebe! Er ist bei mir durch eine harte Schule gegangen, aber es hat ihm genutzt. Lieber frühe Tränen als späte.«

Tadaki verriet Schwester Yariku mit keiner Miene, dass er sie belauscht hatte. Sie hatte ja Recht, er hatte wirklich viel von ihr gelernt. Ob er aber weniger gelernt hätte, wenn sie nicht ganz so streng mit ihm gewesen wäre?

Auch die Patienten mochten Tadaki. Er war immer höflich und freundlich, und über seinen Jakarta-Dialekt mussten sie oft lachen. »Eine richtige Großstadtpflanze«, sagten sie. »Auf Steinen gewachsen, aber nicht Stein geworden. Das ist selten.«

Abgesehen davon, dass er Nona nicht fand und die Sorge um sie ihn immer noch bedrückte, erlebte Tadaki eine schöne Zeit. Nie zuvor hatte er das Gefühl gehabt, so nützlich zu sein. Er erwischte sich dabei, nur noch selten an all das Schlimme zu denken, das hinter ihm lag. Er schämte sich dafür, aber er konnte es nicht verhindern. Es war so angenehm, so befreiend, endlich einmal zur »anderen Seite« zu gehören, eine feste Arbeit zu haben, ordentliche Kleider zu tragen und nicht von morgens bis abends nur ans Überleben denken zu müssen.

Er war nun etwas wert. Er spürte das und war stolz darauf. Und das stachelte seinen Ehrgeiz an. Er wollte noch mehr können, noch besser werden. Aber er lernte nicht mehr hastig, sondern ruhig und selbstbewusst. Lernen brauchte Zeit, das hatte er schon begriffen, schnell Gelerntes vergaß er auch schnell wieder.

Der Doktor freute sich über Tadakis Fortschritte. Doch wenn Tadaki mit seiner Zeitung zu ihm kam, um ihn etwas zu fragen, reagierte er oft spöttisch. Das verunsicherte Tadaki. Hatte der Doktor etwas dagegen, dass er Zeitung las? Er fragte ihn danach, und der Doktor sagte, dass er nichts dagegen hätte. Im Gegenteil, er fände seinen Fleiß gut. Nur sei das Zeitunglesen eben eine besondere Kunst, die Tadaki erst noch erlernen müsse.

»Wenn eine Zeitung etwas schreibt«, klärte er ihn auf, »ist das noch lange nicht die Wahrheit. Jede Zeitung verfolgt eine Absicht. Sie will den Leser nicht nur informieren, sie will ihn auch beeinflussen. Nimm zum Beispiel die Obdachlosen. Die meisten Zeitungen verlangen, dass sie aus der Stadt verschwinden. Sie stören das Stadtbild, bringen Schmutz und Elend mit, heißt es. Das entspricht den Tatsachen, ist also nicht falsch. Aber nützt diese ›Wahrheit‹ den Obdachlosen? Die Wahrheit der Obdachlosen sieht anders aus. Sie müssen in der Stadt bleiben, weil sie nur hier betteln können, weil ihnen auf dem Land der Hungertod droht. Die Wahrheit der Obdachlosen ist, dass ihnen geholfen werden muß. Wer sie vertreiben will, will sie umbringen.«

Es fiel Tadaki nicht leicht, an der Zeitung zu zweifeln. Schließlich waren die Zeitungsschreiber kluge Leute. Aber der Doktor war auch klug, und was er über die Obdachlosen gesagt hatte, war richtiger als das, was die Zeitungsschreiber geschrieben hatten.

Also lernte Tadaki die Zeitung neu zu lesen und nicht mehr alles zu glauben, was gedruckt wurde. Und damit er besser verstand, was er las, schenkte ihm der Doktor ein kleines Fremdwörterbuch aus seiner Schülerzeit. Das lag nun immer auf Tadakis Schränkchen, darin blätterte er, wenn er ein Wort nicht verstand.

So vergingen die Tage. Tadaki fand Nona nicht, und er suchte sie nun auch nicht mehr. Ging er an seinen freien Tagen in die Altstadt, dann, weil es ihm dort am besten gefiel und er mal rauswollte aus dem Hospital. Zwar hielt er auch weiterhin die Augen offen, aber eine Suche war das längst nicht mehr.

Doch je mehr Zeit verging, desto öfter musste Tadaki an Jakarta denken. Der Ärztekongress, zu dem der Doktor wollte, rückte immer näher – und damit auch der Zwang, sich zu entscheiden, was er mit seiner Zukunft machen wollte. Die Entscheidung aber war längst gefallen, seitdem der Doktor ihm vorgeschlagen hatte, die Pflegerschule zu besuchen, damit er eines Tages ein richtiger Krankenpfleger wurde.

Er wollte ein richtiger Pfleger werden. Er wusste, dass ihm das Spaß machen würde, und er wusste, dass er vor der Schule keine Angst zu haben brauchte. Was die anderen Pfleger geschafft hatten, würde er auch schaffen, davon war er überzeugt. Was ihn daran hinderte, dieses Angebot anzunehmen, war die Ungewissheit, was inzwischen in Jakarta geschehen war. Er musste erst einmal zurück, zu Mutter, zu Jato, zu Damanis Familie – und irgendwie auch zu Massari.

Wenn er eine Kammer für sich allein bekam, konnte er Mutter mitnehmen. Aber durfte er den Doktor darum bitten, nachdem er schon so viel für ihn getan hatte? Immer heftiger verspürte Tadaki den Wunsch, sich dem Doktor ganz anzuvertrauen. Einmal, als sie sich beim Unterricht gegenübersaßen, machte er schon den Mund auf. Da war er bereit, dem Doktor alles zu sagen und ihn sogar darum zu bitten, den

Brief an die Polizei zu schreiben – jenen Brief, den Damani hatte schreiben wollen und in dem stehen sollte, dass Bah Bolong und Tung Ho eine Person waren. Aber dann brachte er es doch nicht heraus. Würde er den Doktor, wenn er ihm alles sagte, nicht in Massaris Verbrechen mit hineinziehen? Musste der Doktor nicht erschrecken, wenn er erfuhr, dass sein Schützling in einen Mordfall verwickelt war? Musste er nicht sehr enttäuscht sein, dass er ihm das erst jetzt sagte? Hatte er sein Vertrauen nicht böse missbraucht?

Die Ungewissheit, wie alles weitergehen würde, quälte Tadaki. Er konnte sich nicht mehr vorstellen, wieder als Bettler durch die Straßen zu ziehen oder sich von einem Tschang schlecht behandeln lassen zu müssen. Er hatte nun ein Ziel vor Augen – ob er aber dieses Ziel je erreichen würde, wusste er nicht.

Eines Tages dann konnte er nicht mehr anders, da musste er mit dem Doktor reden.

Es begann damit, dass Schwester Yariku ihn in die Pathologie schickte. Er sollte den Krankenbericht eines Verstorbenen hinbringen. Tadaki nahm den Bericht und ging los. Doch er beeilte sich nicht. Die Pathologie war die Abteilung, in der die Verstorbenen aufgebahrt wurden. Dort wurden sie noch einmal untersucht – sei es, um Klarheit über die Todesursache zu bekommen oder eine Krankheit näher auf Ursache und Verlauf zu untersuchen. Tadaki beschlich jedes Mal ein komisches Gefühl, wenn er den Keller betrat und all die Toten dort liegen sah. Sie waren bis über den Kopf mit weißen Tüchern zugedeckt und lagen auf Tragbahren mit Rollen drunter. Nur ihre Füße ragten unter den Tüchern heraus. Und über dem großen Zeh hing eine

Schlaufe, an der eine Karte mit Namen, Todestag und Todesursache befestigt war.

Schwester Yariku sagte immer, vor Toten brauche sich niemand zu fürchten, Tote wären so harmlos wie Steine auf dem Feld. Tadaki fürchtete sich trotzdem. Unter all diesen Tüchern lagen ja Menschen, die gelebt, geatmet, gelacht und gestritten hatten. Nun waren sie still; wie Puppen lagen sie unter den Tüchern. Und irgendwann würde er auch so daliegen.

Doch seine Furcht hinderte Tadaki nicht daran, den Toten immer wieder auf die Füße zu schauen. Es war fast ein Zwang, und Schuld daran hatte Ayam. Der alte Pfleger wurde schon seit langem nur noch in der Pathologie eingesetzt. Die Arbeit in der Pathologie war leichter als die Arbeit auf den Stationen. Ayam hatte Tadaki gezeigt, wie man schon an Form und Größe der Füße erkennen konnte, ob es sich bei dem Toten um ein junges Mädchen oder eine alte Frau, einen alten oder einen jungen Mann handelte. Seitdem schielte Tadaki den Toten immer wieder auf die Füße, und in seinem Kopf ging es: alter Mann, junge Frau, kleines Kind, alte Frau, junger Mann...

Auch an diesem Tag konnte er sich das nicht verkneifen. Doch dann sah er auf einmal ein Paar ungewöhnlich kleine Füße, die trotzdem keinem Kind gehören konnten, und ging näher heran. Er las den Namen auf der Karte – und spürte, wie ihm das Blut aus dem Kopf wich: Auf der Karte stand PADJADJARANA MAHARTO.

Nona? War das etwa Nona? Er drehte sich um und sah Ayam an seinem Schreibtisch sitzen und eine neue Karte ausfüllen. Schnell hob er das Tuch am Kopfende hoch – und fuhr zurück: Nona! Es war Nona. So friedlich, als schlafe sie, lag sie da; nur die Lippen waren seltsam fest aufeinander gepresst.

»Armes Ding!« Ayam stand plötzlich neben ihm und sah ebenfalls auf Nona herab.

So vorsichtig, als könnte er Nonas Schlaf stören, legte Tadaki das Tuch wieder zurück. »Woran?«, fragte er leise. »Woran ist sie…«

»Na, woran schon?« Ayam tippte auf die Karte an Nonas Füßen. »Irgendein dreckiger Kerl hat sie krank gemacht. Sie war ein Taxi-Girl. Im Homann soll sie gearbeitet haben. Na ja, du weißt ja, wie das ist. Als Kranke durfte sie natürlich nicht mehr ins Hotel. Das bedeutete für die Familie das Ende… Keine Miete, nichts im Magen… Es ist immer das Gleiche. Aus Verzweiflung hat sie Tabletten genommen.«

Tabletten? Also hatte Nona sich selbst umgebracht, war sie nicht an ihrer Krankheit gestorben…?

»Die jungen Dinger setzen ihrem Leben meistens selbst ein Ende«, sagte Ayam nun fast gleichgültig und hängte einem alten Mann die Karte, die er eben ausgefüllt hatte, über den Zeh. »Wenn du wüsstest, wie viele von denen ich schon hier unten hatte. Allein in dieser Woche zwei. Sie ist die Dritte. Was sollen die Mädchen denn sonst tun? Sie wissen, was für ein Leben sie erwartet.«

Tadaki wurde schlecht. Er konnte Ayam gerade noch den Bericht reichen, den er ihm bringen sollte, dann stürzte er aus dem Keller, die Treppe hoch und in die nächste Toilette. In Wellen stieg es in ihm hoch, und als er schon lange nichts mehr im Magen hatte, würgte er immer noch. Danach musste er sich an die Wand lehnen. Ihm war schwindlig geworden. Er wischte sich die Tränen aus den Augen und atmete hastig.

Aber denken konnte er nichts. Nur eine einzige Frage war in ihm: Warum? Erst Zora, dann Damani, nun Nona... Warum erlebte er immer wieder neues Unglück?

Ein Pfleger betrat die Toilette und sah Tadaki aufmerksam an. »Ist dir nicht gut?«

Tadaki schüttelte den Kopf, spülte und schleppte sich langsam die Treppen zum Dachboden hinauf. In seiner Kammer warf er sich aufs Bett und starrte wie betäubt zur Zimmerdecke hoch.

Nonas Angst vor dem »Sturm«, der eines Tages kommen würde und in dem sie ertrinken musste... Wie sie gesagt hatte, er wisse nicht, wie schlecht manche Menschen sein konnten... Hatte sie da schon gewusst, dass sie krank war? Oder hatte sie es nur geahnt?

Aber was musste in ihr vorgegangen sein, als sie die Tabletten nahm? Wie verzweifelt musste sie gewesen sein! Und wie sie noch im Tod den Mund geschlossen hielt – als hätte sie befürchtet, noch im letzten Augenblick schwach zu werden und um Hilfe zu rufen.

Er warf sich auf dem Bett herum und drückte das Gesicht ins Kissen. Warum musste immer wieder er so etwas erleben? War er denn nur auf die Welt gekommen, um leiden zu müssen?

Eine ohnmächtige Wut packte ihn. Er ballte die Hände zu Fäusten und presste sie an die Schläfen. Massari hatte Recht: Was sollte das alles, dieses Tüchtigsein, Fleißigsein und Lernen? Wozu schuften für diese Hand voll Reis, die irgendwelche Leute einem dafür hinwarfen? Man musste sich holen, was man brauchte, um wenigstens ein paar Jahre gut zu leben... Wenn Nonas Brüder nicht so dumm und faul gewesen wären, hätten sie schon Geld aufgetrieben, dann hätte Nona nicht für Kebon arbeiten müssen.

Rücksicht auf andere? Wer hatte denn auf Zora Rücksicht genommen, wer auf Nona? Und nahm etwa auf ihn jemand Rücksicht? Der Doktor hatte Rücksicht genommen, und Damani auch… Aber das waren zu wenige. Die meisten dachten nur an sich. Und Mutters Gott schlug zu, wie es ihm gerade einfiel. Einige beschenkte er, ließ sie reich und fett und alt werden, andere bestrafte er, egal, ob sie diese Strafe verdient hatten oder nicht.

Es gab keine Gerechtigkeit. Nirgendwo gab es sie, und keiner wollte sie, nicht Mutters Gott, nicht die Polizei, nicht die Zeitungsschreiber, nicht die Reichen, nicht die Hungernden. Jeder dachte nur an sich; die paar Ausnahmen zählten nicht…

Schritte auf dem Dachboden. Jemand, der sich offenbar nicht auskannte, ging langsam an den Kammertüren entlang. Tadaki richtete sich auf und lauschte.

»Tadaki?«

Der Doktor! Das war der Doktor… »Ja«, sagte Tadaki – und erschrak: Dieses »Ja« war wie von selbst gekommen, er hatte sich nicht melden wollen.

Die Tür wurde geöffnet, der Doktor betrat die Kammer.

Tadaki stand auf, stellte sich neben sein Bett und guckte verlegen zur Seite. Noch nie war der Doktor hier oben gewesen. Sicher war er gekommen, um sich zu beschweren; Schwester Yariku musste ihn ja nun schon lange vermissen.

Der Doktor blickte sich erst mal nur in der Kammer um. Dabei bemühte er sich, leise aufzutreten. Die Dielenbretter waren schon alt und knarrten sehr. »Du kannst dich ruhig wieder hinlegen«, sagte er dann und sah Tadaki lange an. »Ich weiß, was passiert ist.«

Der Doktor wusste…? Tadaki setzte sich auf die Bettkante, legte die Hände in den Schoß und wartete auf das, was nun kommen würde.

Der Doktor zögerte einen Augenblick, dann setzte er sich neben ihn. »Du warst ein bisschen lange weg. Schwester Yariku hat in der Pathologie angerufen und von dem Pfleger dort erfahren, dass du ganz verstört weggelaufen bist.« Er sah Tadaki aufmerksam an. »Kennst du das Mädchen?«

Tadaki nickte nur.

»Und woher?«

Da begann Tadaki zu erzählen. Er sprach sehr leise und machte viele Pausen, aber nun hielt ihn nichts mehr, nun war ihm alles egal. Er begann mit Jakarta, Vater, Mutter, Zora und Massari, und er ließ nichts aus, weder Zoras Tod noch Massaris Verbrechen. Von Bah Bolong berichtete er, von Tung Ho, Damani und ihrer gemeinsamen Flucht nach Bandung. Er schilderte dem Doktor Damanis Unfall und wie er danach allein weitergefahren war und Nona kennen gelernt hatte; wie er sie verloren und wie er sie gesucht hatte an seinen freien Tagen. Nur, wie er sie im Keller wieder gefunden hatte, das erzählte er nicht, davor hatte er Angst.

Der Doktor hörte zu und unterbrach ihn nicht. Wenn Tadaki stockte, wartete er geduldig.

Als Tadaki dann schwieg, sagte er lange nichts. Sie saßen beide da, und es war sehr still in der Kammer.

Tadaki war dem Doktor dankbar, dass er nicht gleich etwas sagte. Alles, was er hätte sagen können, hätte hohl geklungen. Mitleid reichte für seine Geschichte nicht aus, das spür-

217

te er deutlich. Nicht mal er selbst hatte ja noch Mitleid mit sich.

»Deine Onkel-Geschichte habe ich dir von Anfang an nicht geglaubt«, sagte der Doktor dann genauso leise. »Ich war dir wegen dieser Schwindelei nicht böse, ich wusste ja, irgendwann wirst du genügend Vertrauen zu mir haben, um mir alles zu erzählen… Aber mit einer solchen Geschichte habe ich nicht gerechnet.«

Tadaki dachte an die Wut, die ihn vorhin ergriffen hatte. Wieso war diese Wut jetzt weg? Hatte er sie sich fortgeredet – oder war das nur, weil der Doktor da war? Aber was er vorhin gedacht hatte, stimmte ja: Solche wie der Doktor und Damani waren in der Minderheit, die meisten waren anders, waren hart und gleichgültig, dachten nur an sich – waren wie Massari oder Tung Ho, wie Kebon oder diese Betjakfahrer, die ihn zusammengeschlagen hatten.

»Ich weiß nun, wie ich mit dir reden muss.« Der Doktor drehte sich um und blickte Tadaki fest an. »Ich muss dir sagen, dass du kein Einzelfall bist, dass der Tod deiner Schwester kein Einzelfall ist und dass auch dieses Taxi-Girl nur eine von vielen war. So wie deine Schwester gestorben ist, sterben täglich hunderte von Kindern in unserem Land; so wie deine Freundin Nona nicht mehr weiterleben wollte, fliehen wöchentlich viele Taxi-Girls vor einem Leben in Krankheit, Hunger und Not. Schuld daran sind nicht die Väter, Mütter, Brüder oder Schwestern, die zu wenig verdienen, schuld daran sind die Verhältnisse.«

»Aber ist das denn gerecht?«, begehrte Tadaki auf. »Warum sind die einen reich und die anderen arm? Warum müssen die einen hungern, und die anderen sind satt? Warum müssen Mädchen wie Zora und Nona früh sterben, während es anderen gut geht?«

»Das ist nicht gerecht«, gab der Doktor zu. »Aber wo gibt es schon Gerechtigkeit? Es gibt sie nirgends – und bei uns noch weniger als anderswo. Ich arbeite nun schon seit vielen Jahren in der Klinik, ich weiß, wovon ich rede.«

»Aber wenn es keine Gerechtigkeit gibt, dann hat Massari ja Recht. Warum sollen wir Armen uns nicht einfach was nehmen, wenn uns niemand was gibt?«

»Weil dann alles nur noch schlimmer werden würde«, antwortete der Doktor seufzend, »weil wir dann bald wie im Dschungel leben würden – nur die Stärksten könnten dann noch überleben.« Er zögerte, sagte es dann aber doch: »Auch dein Vorhaben, dem Mädchen mit dem gestohlenen Geld zu helfen, war nicht in Ordnung. Das Geld gehört dir nicht; du darfst niemandem damit helfen.« Er schwieg einen Augenblick und fuhr danach fort: »Wir müssen dafür sorgen, dass jeder Arbeit bekommt und jede Arbeit so bezahlt wird, dass man davon leben kann. Das ist es! Und damit das geschieht, müssen wir verhindern, dass immer wieder Leute an die Macht kommen, die nur in ihre eigenen Taschen wirtschaften.«

Der Doktor setzte sich wieder neben ihn und legte ihm die Hand auf die Schulter. »Ich will nichts beschönigen, es sieht nicht so aus, als würde sich bald was ändern. Aber wir müssen daran arbeiten. Wir haben keine andere Chance. Wir dürfen nicht sagen, es nützt ja doch alles nichts. Auch kleine Schritte sind Schritte.«

Er verstummte, und auch Tadaki sagte nichts mehr. Leise fuhr der Doktor fort: »Du hast Schweres erlebt, Tadaki, sehr

Schweres. Aber gib jetzt nicht auf. Die Pflegerschule ist ein Schritt in die richtige Richtung. Wenn du dir hilfst, hilfst du uns allen. Es gibt dann einen Obdachlosen weniger. Mit seinem Schicksal hadern, heißt zurückschauen. Du musst vorwärts schauen. Du hast doch schon so viel geschafft.«

»Und meine Mutter?«, fragte Tadaki. »Ich… ich kann sie doch nicht allein lassen.«

Der Doktor stand auf. »Ich kann dir nichts versprechen, aber vielleicht finden wir Arbeit für sie. Als Putzfrau. Irgendwann wird sicher wieder eine Stelle frei. Ich werde mal mit dem Verwaltungsleiter sprechen.«

Das wollte der Doktor für ihn tun? Das auch noch?

Der Doktor nickte ihm zu. »Wir machen es jetzt wie die anderen. Du hast Beziehungen, und die nutzen wir aus.«

Die eigene Entscheidung

Es waren fünf Ärzte, die an dem Kongress in Jakarta teilnahmen. Der kleine Bus, der dem Hospital gehörte, brachte sie dorthin. So war es kein Problem, dass auch Tadaki mitfuhr. Er durfte als Erster einsteigen, setzte sich auf einen Fensterplatz und sah hinaus. Der Doktor setzte sich neben ihn und nahm eine Fachzeitschrift zur Hand. Darin las er, während es in die Ebene hinunter und die Landstraße entlangging.

Tadaki wandte keinen Blick von der Landschaft. Wie lange war das nun schon her, seit er diesen Weg gekommen war? Sechs Monate erst? Es kam ihm länger vor, viel länger. Er hatte das Gefühl, sich sehr verändert zu haben, viel mehr, als man sich in sechs Monaten verändern konnte.

Würde Jakarta sich ebenfalls verändert haben? Was erwartete ihn dort? Musste er sich noch fürchten?

Sie kamen auch an dem schnurrbärtigen Reiskoch vorüber, der so viel geredet hatte. Nun stand er da und sah ihnen enttäuscht nach, weil sie nicht bei ihm angehalten hatten.

Danach ging es zum Puntjak hoch, und die Spannung in Tadaki wuchs. Jene Nacht vor sechs Monaten stand ihm wieder deutlich vor Augen.

Der Doktor ahnte, was in ihm vorging, und zwinkerte ihm beruhigend zu. Die anderen Ärzte wussten nichts. Sie rissen Witze über den kleinen Bus, der sich nur mühselig die steilen Straßen hochquälte. Ob sie schieben sollten, fragten sie den Fahrer. Oder ob sie lieber schon mal vorgehen sollten? Bis

Jakarta sei es noch weit, sie wollten noch diese Woche dort ankommen.

Der Fahrer ließ sich genauso witzige Antworten einfallen, es wurde laut gelacht. Tadaki aber wurde es immer beklommener zu Mute. Würde er die Stelle wieder erkennen, an der das Unglück geschehen war?

Er entdeckte sie nicht. Es sah alles so anders aus, wenn man aus der entgegengesetzten Richtung kam, und an jenem Morgen hatte er immer nur ins Tal hinabgeschaut.

»Weißt du noch, was ich dir gesagt habe?«, fragte der Doktor leise.

Tadaki nickte. Nach jenem Gespräch in der Dachkammer hatten der Doktor und er sich noch oft unterhalten, und einmal hatten sie auch über Damani gesprochen. Der Doktor hatte Damanis Hilfsbereitschaft sehr gelobt, aber er hatte den Freund auch getadelt und gesagt, dass, wenn überhaupt einer Schuld an dem Unfall habe, dann nur Damani selber: »Schließlich war er älter als du. Er hätte eine solche Abfahrt bei Nacht und Nebel nicht wagen dürfen.«

Das war kein bloßer Trost, das war ehrlich gemeint und hatte Tadaki sehr geholfen. Aber jetzt, da ihn alles an diese Nacht erinnerte, waren die Schuldgefühle wieder da. Und er wusste nun, dass er sie nie ganz verlieren würde.

Der Doktor hatte gesagt, dass er reinen Tisch machen und das Geld der Polizei bringen müsse. Das Geld gehöre weder Massari noch ihm, es sei Eigentum des *Goldenen Shanghai* und der Erben des ermordeten Holländers. Dafür, dass die Polizisten das Geld nicht für sich behielten, wollte er sorgen, indem er Sun Yen und den Erben dieses Holländers einen Brief schrieb. »Wenn sie wissen, wo ihr Geld liegt, werden sie es sich schon holen.« Einen Brief an die Polizei hatte er abgelehnt. »Das ist nicht meine Art«, hatte er gesagt. »Wo ich selbst hingehen kann, schreibe ich keine Briefe.« Und er, Tadaki, so hatte er verlangt, müsse mitgehen…

»Woran denkst du?«, fragte der Doktor.

»An Jakarta.«

»Hast du Angst?«

Tadaki nickte still und der Doktor schwieg. Aber dann sagte er: »Es nützt alles nichts. Wir kommen nicht drum herum; wir müssen die Sache ins Reine bringen. Es gibt da so eine gewisse Moral, an die muss man sich halten. Auch wenn die meisten anderen das nicht tun. Man muss vor sich selbst bestehen können, wenn man sich achten will.«

»Aber Massari ist doch mein Bruder«, sagte Tadaki leise.

Der Doktor seufzte. »Ja, er ist dein Bruder. Und deshalb kann ich gut verstehen, dass du ihn nicht anzeigen willst. Leider geht es nicht nur um ihn, es geht auch um dich. Und um deine Mutter. Solange du das Geld nicht zurückgegeben hast, wirst du nicht zur Ruhe kommen. Und deine Mutter genauso wenig.«

Es ging auch um Mutter. Der Doktor hatte ihr tatsächlich eine Stelle als Putzfrau besorgt. Es war alles geregelt. Wenn Mutter in Bandung war, konnte sie sofort im Krankenhaus anfangen.

Schlafen würde sie die erste Zeit bei ihm, Ayam zog zu einem anderen Pfleger. Und wenn er dann seine Pflegerausbildung hinter sich hatte und sie zu zweit verdienten, würde ihr gemeinsames Einkommen sogar für eine kleine Wohnung in der Altstadt reichen. Alles war geregelt – aber Bedingung war, dass er mit dem Doktor zur Polizei ging.

»Nimm mir das nicht übel«, bat der Doktor. »Ich kann euch nur helfen, wenn diese Angelegenheit in Ordnung gebracht ist. Ich hätte sonst ein schlechtes Gefühl dabei.«

Tadaki verstand ihn. Aber der Gedanke, dass er für Mutter und sich eine Zukunft kaufte, indem er Massari verriet, erschien ihm zu schlimm. Zwar hatte der Doktor gesagt, dass er Massari nicht wirklich verriet, die Polizei wisse ja längst, dass er der Mörder war; wenn aber der eigene Bruder zur Polizei ging, war es doch Verrat.

Sie hatten den Puntjak-Pass erreicht, nun ging es nur noch bergab. Der Doktor las nicht mehr, und Tadaki blickte nicht mehr aus dem Fenster. Eine schwere Last lag auf ihm, und er wusste nicht, wie er sich entscheiden sollte.

Sie fuhren durch Bogor und dann immer geradeaus, unaufhaltsam auf Jakarta zu. Der Kongress fand in der Universität statt; weit außerhalb der Altstadt, in einer Gegend, in der es nur Botschaften und andere große Bauten gab. Doch der Doktor hatte ihm versprochen, ihn vom Fahrer noch bis Kota bringen zu lassen, damit er Zeit hatte, Mutter zu suchen und alles mit ihr zu besprechen. Tadaki wusste ja nicht, ob er sie gleich fand. Sie konnte irgendwo in der Innenstadt betteln, mit Jato unterwegs sein oder vor Madis Bambuszaun hocken.

Die Stadtgrenze! Vertraute Straßen tauchten auf – und dann hielt der Bus.

»Also gegen fünf auf dem Medan Mederka«, verabschiedete sich der Doktor von Tadaki. »Wenn du mich vorher schon brauchst, rufst du mich am besten an.« Er drückte Tadaki noch einen kleinen Zettel mit der Telefonnummer der Universität in die Hand und stieg aus.

Tadaki steckte den Zettel in seine Hemdtasche und sah dem Doktor nach, der nun mit den anderen Ärzten auf das Universitätsportal zuging, sich aber noch einmal umdrehte und ihm zuwinkte.

»Na, dann wollen wir mal.« Der Fahrer startete den Motor und fuhr an. »Wo willst du denn hin?«, fragte er Tadaki. »Ich kenne mich in Jakarta nicht so gut aus.«

Tadaki setzte sich neben ihn und wies ihm den Weg. Es ging am Medan Mederka vorüber, in die Gajah Mada hinein und dann die lange, breite Straße immer geradeaus.

Der Fahrer hatte Lust auf ein Gespräch. Was Tadaki nach Bandung verschlagen habe, wollte er wissen, was er im Hospital mache und ob er wieder mit ihnen zurückfahre.

Tadaki gab nur einsilbige Antworten. Er war viel zu aufgeregt, um an irgendetwas anderes denken zu können, als dass er nun bald Mutter wieder sah – wenn er sie wieder sah…

»Hier!«, rief er dann plötzlich, als sie noch ein ganzes Stück von Kota entfernt waren. »Hier muss ich raus.«

Der Fahrer bremste überrascht und Tadaki stieg aus. Er wollte nun laufen, die Unruhe in ihm war zu groß, um noch länger im Auto sitzen bleiben zu können.

Er nahm Abkürzungen, lief durch Gassen, die ihm seit seiner Kindheit vertraut waren, und über unbebaute Grundstücke. Er flitzte an Betjakfahrern vorüber und sprintete vor heranfahrenden Autos noch schnell über die Straße. Es war ihm egal, ob ihn jemand wieder erkannte oder nicht. Er hatte es nur noch eilig. Die Sorge, Mutter könnte irgendetwas passiert sein und er würde sie nicht mehr antreffen, wurde immer stärker.

Doch dann sah er sie: Sie hockte vor Madis Bambuszaun

und legte Holz in das Feuer zwischen den Steinen. Auf ihrer Schulter hockte Dopo, und der Topf auf den Steinen war ihr alter Reistopf... Er blieb stehen und sah zu ihr hin. Nichts hatte sich verändert in all der Zeit, in der er fort gewesen war. Alles war so geblieben, wie es immer war. Nur, dass sie jetzt allein war.

Langsam ging Tadaki auf sie zu. Sie hob den Kopf – und stand erschrocken auf. »Mutter!«, rief er. »Ich bin's – Daki!«

»Daki?« Endlich hatte sie ihn erkannt und kam ihm entgegengelaufen. Er begann auch zu laufen, zwei, drei Schritte nur, dann lagen sie sich in den Armen.

»Ich... ich denke, du bist bei Jato«, rief er danach, nur um etwas zu sagen.

Mutter löste sich von ihm und sah ihn lange an. Dann sagte sie leise: »Da war ich nur drei Tage. Ich bin ja hier zu Hause.«

Dopo hatte die Gelegenheit benutzt, um auf Tadakis Schulter überzuwechseln. Nun schnatterte er ihm das Ohr voll. Tadaki nahm ihn in den Arm, kraulte ihn und sprach zu ihm: »Na, alter Mann? Wie geht's dir? War ich lange fort?« Aber er sah dabei nur Mutter an. Sie erschien ihm so klein, viel kleiner, als er sie in Erinnerung gehabt hatte.

Sie guckte ihn sich ebenfalls ganz genau an. »Schöne Sachen trägst du. Es geht dir also gut?«

»Und wie ist es dir ergangen?«, fragte Tadaki verlegen. »Haben sie dich beobachtet?« Er sagte nicht, wen er mit »sie« meinte. Mutter wusste es auch so. »Einmal kamen drei Männer hierher. Sie wollten mich ausfragen. Ich habe ihnen die Dumme vorgespielt, da sind sie wieder gegangen.«

»Und Jato? Kümmert er sich um dich?«

»Er kümmert sich um mich. Jeden Abend kommt er. Aber

was kann er schon tun?« Sie wiegte den Kopf. »Wer leben will, muss hungern können.«

Ihr alter Spruch. Sie hatte noch nie gesagt, dass es ihr schlecht ging.

Tadaki wartete, dass sie noch etwas sagte. Aber sie ging nur zu ihrem Reis zurück. Da hockte er sich neben sie, streichelte Dopo und schwieg, bis sie ihn endlich wieder ansah. »Du hast dich sehr verändert. Wo kommst du her? Wo bist du so lange gewesen?«

»Ich war in Bandung«, begann Tadaki – und dann erzählte er ihr alles. Von Massaris Geld berichtete er, von seiner Flucht nach Bandung und dass er Arbeit gefunden hatte – für sich und für sie. Von Damani und Nona erzählte er nicht. Das wollte er später tun; jetzt würde es sie nur verwirren.

»In Bandung warst du? So weit weg?« Mutter war überrascht.

»Ich hatte Angst«, versuchte Tadaki ihr seine weite Flucht zu erklären.

Sie aber wiederholte nur: »So weit weg bist du gewesen? So weit?«

Tadaki hatte erwartet, dass sie mit ihm über seine neue Arbeit reden würde. Doch sie beschäftigte nur dieser eine Gedanke – dass er so weit von ihr fort gewesen war. Vorsichtig begann er, ihr vom Doktor zu erzählen, von seiner Arbeit und der Pflegerschule. Und dann sagte er ihr noch einmal, dass er auch für sie Arbeit gefunden hatte.

Mutter rührte in ihrem Reis und sah nicht auf, aber sie hörte ihm zu. Auch als Tadaki erwartungsvoll schwieg, wollte sie noch immer nichts über Bandung wissen, da fragte sie nur: »Also hat er es doch getan?«

Sie sprach von Massari. Und sie fragte das, obwohl sie doch längst keine Zweifel mehr daran hatte.

»Er hat es getan«, sagte Tadaki leise und seufzte.

Da hob Mutter den Kopf und sah ihn fest an. »Und du willst zur Polizei?«

Tadaki nickte stumm.

»Warum?«

Diese Frage hatte er nicht erwartet. »Ich will das Geld abgeben«, sagte er leise.

»Und wenn sie dich fragen, wo du es herhast?« Tadaki antwortete nicht.

»Er ist dein Bruder«, rief Mutter. »Du darfst ihn nicht der Polizei ausliefern.«

»Er ist ein Mörder!«, widersprach Tadaki. »Ich will nicht, dass wir noch länger unter ihm leiden. Er hat sich nie um uns gekümmert, nur große Reden hat er geschwungen. Zora ist gestorben, und er hat sich nicht ein einziges Mal blicken lassen. Er hat mich und andere in seine Verbrechen mit hineingezogen. Wenn ich keine Freunde gehabt hätte, wäre ich vielleicht schon nicht mehr am Leben. Und warum? Nur wegen Massaris schmutzigem Geld.«

Er hatte das Letzte zu heftig ausgestoßen, nun presste er die Fäuste vor den Mund und schwieg.

Mutter rührte still in ihrem Reis. Aber dann hob sie wieder den Blick. »Er ist, wie er ist, aber er ist ein Mensch. Er ist mein Sohn und dein Bruder. Zieh dich vor ihm zurück, erkenne ihn nicht, wenn du ihn triffst, spuck vor ihm aus und zieh deine Hand zurück, wenn er ertrinkt – aber bring ihn nicht um. Ich bitte dich, Daki!«

»Die Polizei weiß ja längst, dass er es war«, rief Tadaki unglücklich. »Es geht doch nur darum, ob sie ihn findet oder nicht. Mit dem Geld hat das gar nichts zu tun.«

Was er da sagte, überzeugte ihn nicht; Mutters Bedenken waren seine Bedenken. Und doch hatte der Doktor Recht: Wie sollten sie ein neues Leben beginnen, solange sie ihr altes nicht in Ordnung gebracht hatten? – Es war wie in dem Kinderlied vom Schwimmer im Fluss. Stieg er am rechten Ufer aus dem Wasser, fraß ihn der Tiger, stieg er am linken Ufer aus dem Wasser, erschlug ihn der Bär. Blieb er im Wasser, kamen die Krokodile.

»Wenn du zur Polizei gehst, verrätst du ihn«, beharrte Mutter. »Er hat schon genug gelitten.«

Überrascht blickte Tadaki auf. »Woher weißt du das?«

»Wenn es dunkel wird, kannst du es selber sehen. Er kommt jeden Abend zu mir, hat Hunger…«

Massari kam zur Mutter? Jeden Abend? Hatte er denn keine Angst?

»Es geht ihm schlecht«, sagte Mutter leise. »Er spricht nicht darüber, aber es geht ihm schlecht.« Sie zögerte, aber dann sagte sie es doch: »Er lebt bei den Müllkippen, läuft rum wie ein Aasgeier. Aber er ist keiner. Er versteckt sich dort nur.«

Damit hatte Tadaki nicht gerechnet. Was sollte er nun tun? Sollte er verschwinden, bevor Massari kam? Er war mit dem Doktor verabredet…

»Ich habe dir das gesagt, weil ich weiß, dass du deinen Bruder nicht verraten wirst. Ich kenne dich, du wirst mich nicht enttäuschen.«

Sie hatte Recht. Solange er nicht wusste, wo Massari sich aufhielt, bestand keine Gefahr, ihn wirklich zu verraten. Wenn er jetzt zur Polizei ging, war das etwas ganz anderes…

Aber was sollte er nun tun? Sollte er fortgehen, ohne Massari noch einmal wieder zu sehen – oder sollte er bleiben und dem Bruder sagen, was er von der ganzen Sache hielt? Er war nicht mehr der kleine Tadaki, der den großen Bruder bewunderte. Nichts würde ihm noch imponieren, keine großen Sprüche und kein Gerede von Bruderliebe. Er würde Massari die Wahrheit sagen, würde ihm sagen, dass er sich für ihn schämte. Und er würde ihm von Damani erzählen, der wie ein wirklicher Bruder gehandelt hatte.

Mutter hatte ihn aufmerksam beobachtet und war zufrieden mit dem, was sie gesehen hatte. »Hast du Hunger?«, fragte sie.

Tadaki hatte keinen Hunger, aber er nahm von dem Reis. Mutter sollte nicht denken, dass er jetzt Besseres gewöhnt war.

Auch Mutter langte zu. Und nun, da sie sicher war, dass er nicht zur Polizei gehen würde, fragte sie ihn zum ersten Mal nach seiner Arbeit. »Verdienst du viel als Hilfspfleger?«

»Nein«, antwortete Tadaki ehrlich, »aber ich habe Essen und Unterkunft frei.«

»Dann ist es viel«, widersprach Mutter. »Alles, was mehr ist, ist viel.«

Tadaki war froh, dass Mutter endlich auch darüber sprechen wollte, und erzählte ihr von seinen Plänen. »Wenn ich die Pflegerschule hinter mir habe, können wir uns eine richtige Wohnung mieten. Nicht groß, nur ein Zimmer, aber es ist eine Wohnung.«

»Zur Schule willst du gehen? Aber da musst du doch lesen und schreiben können?« Mutter guckte skeptisch – so, als wolle er nur mit ihr scherzen.

»Aber das kann ich ja schon ein bisschen«, rief Tadaki stolz.

»Du kannst lesen und schreiben?«

»Ja.« Tadaki musste lachen und erzählte Mutter ausführlich von seiner Arbeit und wie der Doktor mit ihm übte.

Sie staunte. »Und du willst mich wirklich mitnehmen? Aber wozu denn? Ich bin eine alte Frau. Ich störe dich doch nur.«

»Du bist meine Mutter. Weshalb solltest du mich stören?« Tadaki tat ein bisschen beleidigt.

»Sie werden über mich lachen. Ich bin doch so dumm.«

»Wer wird lachen?«

»Die Leute… dein Doktor…«

»Niemand wird über dich lachen. Über mich hat ja auch niemand gelacht. Und wie kannst du sagen, dass du dumm bist?«

Tadaki wusste, was in Mutter vorging. So hatte er ja auch geredet, als der Doktor ihm anbot, im Krankenhaus zu bleiben. »Wir sind arm, aber nicht dumm. Und wenn ich erst Pfleger bin und du Putzfrau, dann sind wir auch nicht mehr arm. Und wer nicht arm ist, der ist reich, hast du immer gesagt.«

Mutter musste über seine Begeisterung lächeln. »Du bist wirklich wie dein Vater. Ihr versucht es immer wieder. Der Himmel kann euch auf den Kopf fallen – ihr deckt euch nur damit zu.«

»Mit dem haben wir uns lange genug zugedeckt«, sagte Tadaki stolz. »Jetzt haben wir einmal richtig Glück gehabt, und das lassen wir uns nicht wieder wegnehmen.«

»Und Dopo?«

»Dopo kommt mit«, entschied Tadaki und nahm den kleinen Freund auf seinen Schoß. »Er hat uns so lange ernährt, jetzt ernähren wir ihn. Er muss nur immer in der Kammer bleiben. Ein Krankenhaus ist kein Spielplatz.«

Mutter schwieg. Dann fragte sie: »Und Jato?«

Tadaki hatte die Frage erwartet. »Das geht nicht«, sagte er ernst. Er konnte doch den Doktor nicht bitten, auch noch für Jato eine Arbeit zu finden.

Mutter schwieg wieder, und auch Tadaki sagte nichts mehr. Er dachte an den Doktor, der sicher schon am Medan Mederka auf ihn wartete. Er hatte gesagt: »So, wie du es machst, ist es richtig.« Aber war das wirklich richtig, was er nun tat?

Jeder schafft das nicht

Jato kam erst, als es dunkel wurde. Es war seine übliche Zeit, der tote Chinese grinste schon lange nicht mehr.

Tadaki stand gleich auf, um ihm entgegenzugehen. Doch als Jato ihn sah, wurde er langsamer und blieb schließlich ganz stehen.

»Jato!«, rief Tadaki. »Ich bin's – kennst du mich etwa nicht mehr?«

»Tadaki! Junge!« Jato stellte seine Last ab, kam auf Tadaki zu und legte beide Hände auf seine Schultern. »Wie soll ich dich denn wieder erkennen – so wie du aussiehst?«

Tadaki musste lachen. »Ich bin's aber trotzdem.«

»Ja, du bist's!« Jato nickte ernst. »Aber du warst lange weg. Wir haben uns große Sorgen gemacht.«

»Iss erst mal«, bat Tadaki, und dann hockte er sich zwischen Mutter und Jato und erzählte auch Jato, was er inzwischen alles erlebt hatte. Diesmal aber ließ er Damanis Schicksal nicht weg; Jato hatte ihn ja gekannt.

Für Jato war Bandung auch eine sehr weit entfernte Stadt. Genau wie Mutter hatte er Jakarta noch nie verlassen. »So weit seid ihr gefahren?«, fragte er staunend. »So weit?« Aber dann dachte er an Damani und seufzte. »Da sieht man es wieder: Das Schicksal unterscheidet nicht zwischen Gerechten und Ungerechten. Nie kannst du sicher sein, was es mit dir vorhat.«

Tadaki sah die Mutter an und entschloss sich, es gleich zu

sagen: »Wir werden nach Bandung gehen, Jato. Ich habe dort Arbeit gefunden – für mich und auch für Mutter.«

Jato ließ die Hand mit dem Reis sinken. »Ihr wollt Jakarta verlassen? Für immer?«

»Ja«, sagte Tadaki. Und dann erzählte er Jato von seinen Plänen. »Das alles ist ein großes Glück für uns. Wir dürfen es nicht ausschlagen.«

»Nein, das dürft ihr nicht«, sagte Jato, aber dann schwieg er.

»Komm doch mit uns«, bat Mutter. »In Bandung kannst du bestimmt auch Limonade verkaufen. Oder etwa nicht?« Hilfe suchend sah sie Tadaki an.

Tadaki senkte den Blick. In Bandung gab es andere Limonadenverkäufer, in Bandung hatte Jato keine Kundschaft.

»Du meinst es gut mit mir, Paitun«, sagte Jato leise. »Dafür danke ich dir. Aber fortgehen werde ich nicht. Ich bin bald ein alter Mann. Hier kenne ich die Leute, und die Leute kennen mich. Hier kenne ich jeden Baum, jedes Haus und jede Hütte; hier bin ich zur Welt gekommen, hier will ich sterben.«

Mutter wagte nicht zu widersprechen. Und Jato aß seinen Reis, als wäre nun alles gesagt. Dann ließ er plötzlich die Hand sinken. »Massari wird bestimmt bald auftauchen. Was wird mit ihm?«

Tadaki zuckte die Achseln. Er wusste nicht, was aus Massari werden sollte.

Jato wiegte bekümmert den Kopf. »Es sieht böse aus für ihn. Als er das erste Mal kam, wollte ich ihn fortjagen. Aber dann hab ich ihm in die Augen gesehen und darin die Angst erkannt – und da hat er mir nur noch Leid getan.«

Tadaki sagte immer noch nichts, nahm nur Dopo in den

Schoß und streichelte ihn, während Jato weiteraß und Mutter still das Feuer schürte. Mitten in ihr Schweigen hinein hörte er dann plötzlich leise Schritte hinter sich und wusste, dass es Massari war, der sich ihnen näherte. Doch er sah nicht auf, presste nur die Lippen zusammen und spielte weiter mit Dopo.

»Daki!«, flüsterte es neben ihm. »Da bist du ja endlich. Wo hast du so lange gesteckt?«

Tadaki hob den Kopf – und erschrak: Ein halb verhungerter, wirr aussehender Kerl mit brennenden Augen stand neben ihm, einer, der vor Angst halb wahnsinnig war. Hemd und Hose starrten vor Dreck, die langen Haare gingen in einen dünnen Vollbart über. Wenn er es nicht gewusst hätte, wenn er die Stimme und die Augen nicht wieder erkannt hätte, wäre er nie auf die Idee gekommen, dass dieser Mann Massari war.

»Wo bist du gewesen?« Massaris Blick war voller Misstrauen. Er packte Tadaki am Hemd und zog ihn zu sich hoch. »Du hast doch mein Geld, oder?«

Tadaki konnte nichts sagen. Es ging ihm wie Jato: Er sah Massari die Angst an – und spürte nichts als Mitleid mit ihm.

»Warum antwortest du nicht?« Massari ließ ihn los. »Ich habe mir Sorgen gemacht. Du solltest das Geld doch nur verstecken und nicht gleich damit verschwinden. Wenn ich es hätte, wäre ich längst weg. Jeder Tag, den ich hier bleibe, ist einer zu viel. Ich hab alles riskiert. Sie sind hinter mir her. Schnell! Wo ist mein Geld? – Nun sag doch endlich was.«

»Was hast du nur getan?«, sagte Tadaki leise. »Was hast du nur getan, Massari?«

»Bist du verrückt geworden! Willst du mir eine Moralpredigt halten?« Massari bemerkte Tadakis neue Kleidung und kniff die Augen zusammen. »Wo hast du das her? Etwa von meinem Geld?«

»Es ist nicht von deinem Geld.« Tadaki sprach ganz ruhig. Er fühlte sich sehr sicher; er wusste, dass er Massari in diesem Augenblick überlegen war. »Von deinem Geld würde ich nicht mal eine einzige Rupiah nehmen.«

Schnell reichte Mutter Massari den Reistopf. »Streitet nicht«, bat sie. »Ihr seid doch Brüder.«

Massari aß hastig etwas, aber er ließ Tadaki, der ihm nur stumm zusah, nicht aus den Augen. »Siehst gut aus«, sagte er. »Bist groß geworden. Schämst dich für den Bruder.«

»Ja«, sagte Tadaki. »Ich schäme mich für dich. Ich hätte nie gedacht, dass du so etwas tun könntest.«

»Blödsinn!« Massari kratzte immer noch Reis aus dem Topf. »Was ich getan habe, war meine einzige Chance. Und deine war es auch. Ich hab das ja nicht nur für mich getan. Ich hab's auch für dich getan, für dich und Mutter.«

»Du hast zwei Menschen umgebracht.« Tadaki konnte die Tränen nicht mehr zurückhalten. »Das hast du nicht für mich getan. Und nicht für Mutter. Wir wollen kein Mördergeld.«

Massari aß weiter, nur seine Augen verrieten seine Unsicherheit. »Quatsch!«, stieß er mit vollem Mund hervor. »Geld ist Geld.«

Tadaki überkam eine tiefe Traurigkeit. Dieser Massari war nicht mehr sein Bruder – und war es doch noch. Er lehnte ihn ab – aber er konnte ihn nicht in sein Verderben laufen lassen: Und deshalb konnte er nicht tun, was der Doktor von ihm verlangte. Er musste Massari das Geld geben, musste ihm die Chance geben, damit zu fliehen. Ganz egal, ob das richtig war oder nicht, er konnte einfach nicht anders. Still drehte er sich von Massari weg und wollte gehen.

»Wo willst du hin?« Massari packte seinen Arm.

»Ich hole dein Geld.«

»Dann komm ich mit.«

»Nein! Ich hol es allein.«

»Warum?«, fragte Massari misstrauisch. »Warum willst du es allein holen?«

»Wenn ich damit verschwinden wollte, hätte ich das längst tun können.« Tadaki machte sich los. Und dann sagte er noch mal: »Entweder du lässt mich allein gehen – oder ich lass das Geld dort verschimmeln.«

»Hast du es vergraben?«

»Ja.«

»Wo?«

Tadaki schwieg.

Massari zog die Augenbrauen hoch. »Du bist wohl jetzt der Chef in der Familie?«

»Vielleicht.« Tadaki ging und war erleichtert, als er merkte, dass Massari ihm nicht folgte.

Der Doktor würde nicht gutheißen, was er jetzt tat. Doch er hatte gesagt, er müsse seine eigene Entscheidung fällen, und das hatte er nun getan.

Es war ein weiter Weg bis zu dem Wäldchen, in dem er das Geld vergraben hatte. Tadaki ließ sich Zeit. Er war froh, für einige Minuten allein zu sein. In dem Wäldchen angekommen, ging Tadaki erst einmal zu Zoras Grab. Er fand es schnell, der Ginsterbusch, den er darauf gepflanzt hatte, war auch im Dunkeln leicht zu erkennen. Danach suchte er die verkrüppelte Palme und fing mit beiden Händen an zu graben.

Das Geld war noch da. Er steckte das Päckchen, schmutzig wie es war, in sein Hemd, rieb sich die Hände am Baumstamm sauber und ging den Weg zurück. Doch nun lief er schneller. Er wollte das Päckchen loswerden, wollte nichts mehr damit zu tun haben.

Massari stürzte Tadaki gleich entgegen. »Hast du es? Hast du es?«, rief er. Und als Tadaki ihm das Päckchen reichte, riss er es mit zittrigen Fingern auf und überprüfte die Anzahl der Scheine.

Tadaki hockte sich still zu Mutter und Jato, und als Dopo zu ihm kam, presste er ihn an sich.

»Ich danke dir, Daki.« Massari strahlte wie ein kleines Kind. »Du hast nichts für dich genommen, hast dich als wahrer Bruder erwiesen.«

Tadaki erwiderte nichts. Massari sollte nun gehen.

»Du bekommst etwas ab von meinem Geld.« Massari hockte sich neben ihn. »Es gehört dir und mir.«

»Es gehört weder dir noch mir«, widersprach ihm Tadaki müde.

»Es gehört Sun Yen und den Erben dieses Holländers.«

»Du spinnst ja.« Massari sprang auf. »Es gehört mir. Für dieses Geld hab ich mein Leben riskiert. Und nicht bloß einmal, immer wieder und immer noch. Wenn mir je etwas gehört hat, dann dieses Geld.«

Sollte er ihm von Damani erzählen? Sollte er ihm sagen, dass er nicht nur sein Leben, sondern auch das von anderen riskiert hatte? Tadaki ließ es sein. Es hatte keinen Zweck. Massari würde es nicht begreifen. Er lebte in einer anderen

Welt, mit anderen Gedanken und Träumen; keiner konnte ihm nun noch helfen.

»Guck mal, wie viel es ist.« Massari hockte sich wieder neben Tadaki und breitete die Geldscheine vor ihm aus. »Das reicht für uns beide. Lass uns von hier verschwinden, Daki, lass uns nach Bali oder Sumatra gehen. Wir können ein Geschäft aufmachen.« Tadaki schüttelte nur den Kopf.

»Denkst du, du bist hier sicher? Dich suchen sie genauso. Weißt du, wer Bah Bolong ist? Tung Ho ist Bah Bolong! Der lässt dich umbringen, wenn er dich findet.«

»Ich weiß«, sagte Tadaki.

»Was weißt du?«

»Dass Tung Ho Bah Bolong ist.«

»Und woher?« Massari war verblüfft.

»Von Damani.«

»Ach, der!« Massari winkte ab. »Der weiß doch nichts, der Spinner. Der glaubt, er kann die Welt verändern.«

Tadaki musste sich beherrschen, um dem Bruder nicht doch von Damani zu erzählen. Doch wozu? Massari würde womöglich noch über Damanis »Dummheit« lachen.

»Tadaki!« Massari versuchte es mit Bitten. »Komm mit. Ich bin so allein. Niemandem kann man trauen. Du bist doch mein Bruder... Mutter holen wir nach.«

»Geh weg, Massari!«, sagte Tadaki leise. »Bitte, geh weg.«

»Aber du kannst mich doch nicht so einfach im Stich lassen!«, schrie Massari los. »Ich bin der ältere Bruder, nicht du. Ich habe die Verantwortung für die Familie.«

»Geh weg, Massari«, sagte da auch Jato. »Geh weit weg. Du hast die Verantwortung nie ernst genommen.«

Massari starrte Jato an. »Was habt ihr gegen mich? Ich will

doch nur leben, weiter nichts. Wenn die beiden sich nicht gewehrt hätten…« Er verstummte und sah zu Boden.

»Alle wollen leben, Massari, alle! Doch wir müssen miteinander leben, nicht gegeneinander. Gegeneinander wird alles nur noch viel schwerer.«Jatos Stimme klang traurig.

»Geschwätz!«, murmelte Massari und begann, sich die Geldscheine ins Hemd zu schieben. »Das ist doch alles nur Geschwätz! Ich habe nichts getan, als mich gewehrt. Und ich werde mich weiter wehren, solange es sein muss und egal, wie. Ich lasse mich nicht kaputtmachen. Ich habe auch ein Recht zu leben.«

Jato sagte nichts mehr und auch Tadaki schwieg. Massari nahm die letzten drei Geldscheine und hielt sie Mutter hin. »Nimm«, bat er sie. »Nimm!«

Mutters Augen weiteten sich. So viel Geld hatte sie noch nie besessen. Langsam streckte sie die Hand aus. Tadaki war schneller. Er ergriff die Scheine, stand auf und steckte sie zu den anderen in Massaris Hemd. »Mutter braucht kein Geld«, sagte er. »Sie hat Arbeit.«

Mit finster zusammengezogenen Augenbrauen sah Massari Tadaki an. »Braucht kein Geld! Jeder braucht Geld. Du wirst es schon noch merken.«

»Nicht dieses!«

Massari sah von einem zum anderen. »Ihr seid verrückt geworden«, flüsterte er, »total verrückt geworden.«

»Geh jetzt«, bat Jato noch einmal.

Da ging Massari. Er ging langsam. Aber er drehte sich nicht mehr um. Und dann war er fort.

Eine Zeit lang sagte niemand etwas. Jato zündete sich eine Zigarette an und hielt auch Tadaki seine Packung hin. Mutter sah blicklos ins Feuer. Tadaki war es, der zuerst das Schweigen brach. »So ist es das Beste«, sagte er leise. Und zu Mutter gewandt: »Es war kein gutes Geld.«

»Ich weiß.« Sie seufzte tief.

Danach schwiegen sie wieder, bis Jato endlich sagte: »Wie hat nur so was aus ihm werden können? Er war doch nicht schlechter als andere.«

»Er war nicht schlechter und er ist nicht schlechter«, antwortete Mutter traurig. »Er ist nur schwächer.«

Der Reistopf

Zum ersten Mal seit langer Zeit schlief Tadaki wieder neben Madis Bambuszaun. Es wurde eine unruhige Nacht. Er war nun ein Bett gewohnt, und da waren die Gedanken, die ihn quälten. Seine Entscheidung – war sie richtig gewesen oder falsch? Was würde der Doktor dazu sagen? Und Massari? Wie würde es ihm weiter ergehen? Sicher würde er ihn nie wieder sehen.

Am nächsten Morgen stand er früh auf und ging in die Innenstadt. Vor dem Sarinah gab es Telefonkabinen, und wie man telefonierte, hatte er im Hospital gelernt. Er machte einen weiten Bogen um den Betjakstand, ging in die erste freie Kabine hinein, warf Münzen in den Schlitz und wählte die Nummer, die der Doktor ihm aufgeschrieben hatte. Dann wartete er. Als die Universität sich meldete, sagte er, er müsse Dr. van Molenbek sprechen, einen der Teilnehmer des Kongresses. Dann wartete er wieder. Er konnte sich denken, dass es lange dauern würde, der Doktor musste ja sicher erst geholt werden. Doch der Doktor meldete sich schneller, als er gedacht hatte.

»Ich bin's – Tadaki.«

»Junge!«, rief der Doktor erleichtert. »Wo hast du denn gesteckt? Ich hab den ganzen Abend auf dich gewartet. Und danach hab ich mir schlimme Vorwürfe gemacht, dass ich dich nicht doch begleitet habe.«

Stockend berichtete Tadaki, was geschehen war. Und dann

sagte er leise, dass er nun nicht mehr mit ihm zur Polizei gehen konnte, weil er Massari das Geld gegeben habe.

Der Doktor schwieg lange. »Damit, dass dein Bruder auftauchen würde, hab ich nicht gerechnet«, sagte er dann.

Tadaki hatte Vorwürfe erwartet. Der Doktor musste doch böse auf ihn sein. Aber er fragte nur noch: »Kommt ihr heute – deine Mutter und du? Ich hab schon ein Zimmer für euch reservieren lassen. Bis wir zurückfahren, könnt ihr im Studentenheim schlafen.«

Tadaki fiel ein großer Stein vom Herzen – aber antworten konnte er im Moment nicht.

»Bist du noch da?«

»Ja.«

»Und? Was ist? Wann kommt ihr?«

»Am Abend«, sagte Tadaki. »Vorher… vorher will ich noch zu Damanis Familie.«

»Einverstanden.« Der Doktor gab seiner Stimme einen heiteren Klang. »Aber versetz mich nicht wieder.«

»Nein«, sagte Tadaki nur noch, dann hängte er auf und verließ die Kabine.

Eine Zeit lang stand er mitten in dem immer stärker werdenden Morgenverkehr, dann näherte er sich vorsichtig dem Betjakstand. Der Vorort, in dem Damanis Familie lebte, war zu weit entfernt, dorthin konnte er nicht zu Fuß hinauswandern. Er musste sich ein Betjak nehmen. Aber er wollte nicht mit jedem fahren, er musste einen Fahrer finden, der nicht viel fragte und nicht viel redete.

Er hatte Glück, der alte Padji stand vorn. Schnell lief er hin, setzte sich in den Kundensitz und nannte, ohne Padji anzusehen, Damanis Adresse.

Der alte Padji wunderte sich über den schnellen Kunden, erkannte Tadaki aber nicht. Und Tadaki drehte sich nicht um, bevor sie nicht die Innenstadt hinter sich gelassen hatten. Erst dann grinste er Padji an. »Hallo, Padji! Wie geht's denn so?« Padji vergaß vor Staunen fast das Treten. »Du bist doch Massaris Bruder!«, rief er. »Der kleine Tadaki.«

Er war nie der »kleine Tadaki« gewesen, aber vielleicht war er es in Padjis Erinnerung. Tadaki grinste weiter.

Mühsam fasste Padji wieder Tritt. »Bist du nicht mit Damani verschwunden?«, fragte er dann. »Alle haben es gesagt. Und nun bist du also wieder da?«

»Ja«, sagte Tadaki.

»Und?«, fragte Padji. »Was ist aus Damani geworden? Ist er auch zurück?«

»Ich weiß nicht«, log Tadaki.

»Aber du fährst doch zu seiner Familie.«

»Ich will sie fragen, ob sie was wissen. Wir haben uns verloren.«

»Und Massari?« Padji senkte die Stimme, als fragte er Tadaki etwas sehr Beschämendes. »Hast du von dem mal was gehört?«

»Er soll auf Sumatra sein. Oder auf Bali – so genau weiß ich das nicht.«

»Auf Sumatra! Aha! Bali! Auch nicht schlecht.« Der alte Padji konnte nur noch den Kopf schütteln.

»Tu mir einen Gefallen, Padji«, bat Tadaki den Alten. »Erzähl den anderen erst morgen, dass du mich gefahren hast, ja? Ich geb dir auch ein gutes Trinkgeld.«

»Bist wohl reich geworden, was? Lässt dich fahren und gibst Trinkgelder. Steckst wohl doch mit deinem Bruder unter einer Decke?« Padji guckte misstrauisch. Er war eine ehrliche Haut. Was Massari getan hatte, gefiel ihm nicht.

»Nein, Padji! Ich habe Arbeit gefunden. In einem Krankenhaus. Das ist es.«

Padji fragte nichts mehr. Wer zu viel wusste, bekam Ärger. Für seine Verhältnisse war er schon viel zu neugierig gewesen. Er fuhr Tadaki vor die große Hütte, in der Damanis Familie lebte, und fragte nur noch, ob er auf ihn warten sollte.

Tadaki bat ihn darum und wandte sich mit sorgenvoller Miene der Hütte zu. Was würde Damanis Familie sagen, wenn er alles erzählt hatte?

Es war eine schwere Aufgabe, die er nun hinter sich bringen musste. Doch sie wurde ihm ein wenig erleichtert. Nur Damanis Mutter und einer seiner Brüder waren da. Er musste nicht vor der ganzen Familie erzählen, was passiert war.

Damanis Mutter glaubte zuerst, er bringe ihr einen Brief von Damani. Sie hatte sich große Sorgen gemacht und freute sich, als sie Tadaki sah. Aber als Tadaki auf ihre Frage nur die Augen niederschlug, ahnte sie, dass etwas Schlimmes passiert war. »Was ist denn mit Mani?«, rief sie. »Nun rede doch!«

Hilfe suchend sah Tadaki zu Damanis Bruder hin, der auf der Veranda lag und in einem Buch blätterte. Damanis Bruder fing den Blick auf, legte das Buch weg und kam heran. »Was ist passiert?«, fragte er. »Erzähl schon.«

Da begann Tadaki zu erzählen. Ohne Damanis Mutter oder seinen Bruder anzusehen, schilderte er die Fahrt über den Puntjak, die Abfahrt im dichten Nebel und schließlich den Unfall. Er sagte, dass Damani das alles nur für ihn getan hatte, und gestand nun auch ein, weshalb er fliehen musste.

Damanis Mutter hatte die ganze Zeit voller Entsetzen zugehört. Als er schwieg, drehte sie sich um und lief fort. Erst in der Küche weinte sie laut.

Damanis Bruder weinte nicht, er starrte nur vor sich hin. Dann seufzte er bitter. »Er war ein Tollkopf! Er war sehr klug, aber ein Tollkopf... Er hatte keine Geduld, das war sein Fehler.«

»Er war mein bester Freund«, sagte Tadaki leise. »Ohne ihn...« Er verstummte.

Damanis Bruder nickte still, setzte sich auf die Veranda und sah starr in den kleinen Garten hinaus. Tadaki wusste nicht, was er nun tun sollte. Jeder Trost erschien ihm fehl am Platze.

»Ich geh jetzt wieder«, sagte er deshalb nur leise. »Meine Mutter und ich... wir verlassen Jakarta heute.«

»Ja, ja.« Damanis Bruder hob nicht den Kopf.

Tadaki blieb noch einen Augenblick lang stehen, dann ging er. Er ging so leise, als könnte er jemanden stören.

Padji war inzwischen eingeschlafen. Er lag in seinem Kundensitz und schnarchte laut vor sich hin. Tadaki musste ihn wecken.

Verschlafen sprang Padji auf, stieg in den Sattel und fuhr los. Erst als er schon längere Zeit gefahren war, erinnerte er sich daran, dass Tadaki ja doch kein richtiger Kunde war. »Gibt's was Neues von Damani?«, fragte er vertraulich.

»Nein«, log Tadaki. »Sie haben schon ewig nichts mehr von ihm gehört.« Und dann bat er Padji, ihn gleich nach Kota zu bringen. Nun hatte er alles erledigt, nun musste er nur noch Mutter holen.

Es wurde eine schweigsame Fahrt. Padji hatte keine Fragen mehr und Tadaki keine Lust zu reden.

Mutter hockte wieder neben ihrem Feuer. Er hatte ihr am Morgen Geld dagelassen, damit sie etwas kochen konnte. Sie hatte Fischreis gemacht, sein Lieblingsgericht.

Tadaki bezahlte Padji, gab ihm ein gutes Trinkgeld und bat ihn noch einmal, vorläufig nichts davon zu erzählen, dass er ihn gefahren hatte. Padji steckte das Geld ein und versprach Tadaki, den Mund zu halten. Danach fuhr er mit zufriedener Miene zum *Sarinah* zurück.

Tadaki sah ihm noch einen Augenblick lang nach, dann nahm er Dopo auf die Schulter und hockte sich zu Mutter.

Sie rührte in ihrem Reis und blickte ihn nicht an. Er sah, dass sie Angst hatte vor dem, was sie erwartete, und sagte nichts von seinem Telefongespräch mit dem Doktor. Je mehr er redete, desto größer würde ihre Angst werden.

Jato kam an diesem Abend etwas früher von seiner Tour zurück. Tadaki hatte ihn darum gebeten. Er war verlegen und aß nur wenig von dem Fischreis, obwohl er sehr gut schmeckte.

Nach dem Essen schwiegen sie alle drei. Die Dämmerung hatte bereits eingesetzt, nicht lange, und der tote Chinese würde grinsen. Jato bot Tadaki eine Zigarette an, und dann rauchten sie zusammen, wie sie es früher oft getan hatten, sehr schweigsam und sehr nachdenklich.

Tadaki blickte dabei zu den Hochhäusern hin, wo jetzt nach und nach die ersten Lichter angingen. Vielleicht würden Mutter und er nun auch bald eine Wohnung haben; zwar in keinem Hochhaus, aber doch in irgendeinem richtigen Haus. Ein Gefühl von Wehmut überkam ihn. Madis Bambuszaun, die Feuerstelle, die beiden Bananenbäume, die Sträucher daneben, das Grinsen des toten Chinesen – es war ihm alles so vertraut. Er freute sich auf ihr neues Leben, trotzdem fiel ihm der Abschied schwer. Schließlich hatte er seine ganze Kindheit hier verbracht. Hier kannte er jeden Stein, jede Grasnarbe, jede Sandkuhle; es würde lange dauern, bis er das vergaß.

»Du musst langsam packen, Paitun«, sagte Jato plötzlich und sah Mutter ernst an. Und als hätte sie nur auf diese Aufforderung gewartet, nahm sie den Reistopf und ging mit ihm zum Fluss, um ihn auszuspülen. Als sie wiederkam, begann sie, ihre wenigen Habseligkeiten im Topf zu verstauen.

»Lass doch!«, bat Tadaki. »Das brauchst du nicht. Im Hospital wird für alle gekocht. Und später kaufen wir uns einen neuen Topf, einen viel schöneren.«

Mutter kümmerte sich nicht um seine Worte. Still packte sie weiter. Tadaki stellte sich vor, wie sie mit diesem Topf in der Universität erschien, und versuchte es noch einmal. »Lass das doch hier. Wir kaufen alles neu.«

»Das geht nicht.« Sie schüttelte empört den Kopf. »Ich kann nicht ohne alles gehen. Ich will mich nicht schämen müssen.«

Tadaki sagte nichts mehr, guckte nur noch zu, wie sie ihren alten Plastikbecher, die fast borstenlose Zahnbürste, den zerbrochenen Kamm und all die anderen trostlosen Dinge, die sie einmal irgendwo gefunden hatte, in den Topf legte. Erst als sie damit fertig war, stand er auf.

Jato stand auch auf. »Und?«, fragte er. »Was wird nun aus Tung Ho? Werdet ihr noch was gegen ihn unternehmen, dein Doktor und du?«

»Ich werde mit dem Doktor reden«, antwortete Tadaki. Und dann sagte er fest: »Bestimmt werden wir was tun.«

Jato nickte und lächelte Mutter zu. »Wie heißt das Sprich-

wort? Langer Abschied zerreißt das Herz, kurzer Abschied
sorgt für schöne Erinnerungen. – Also, leb wohl, Paitun, und
freu dich: Nun hast du endlich doch noch Glück gehabt.«

»Ich gehe nicht meinetwegen«, flüsterte Mutter. »Für mich
ist es zu spät. Ich gehe meinem Sohn zuliebe. Er soll nicht
allein sein.«

»Ich weiß«, sagte Jato und nickte auch Tadaki noch einmal
zu. Dann nahm er seine Limonadenkästen auf und verschwand in der Dunkelheit.

Es war ein weiter Weg bis zur Universität. Tadaki trug Dopo
auf seiner Schulter und wollte neben Mutter hergehen, aber
sie blieb immer ein Stück hinter ihm zurück. Wurde er langsamer, wurde sie es auch. Und als er ihren Topf tragen wollte,
wehrte sie ab – als wäre dieser Topf mit seinem traurigen
Inhalt ihr einziger Schutz. »Hier ist es», sagte Tadaki, als sie
dann endlich vor dem Universitätsportal angelangt waren.
Sie blieb stehen und sah ihn an. Ihre Augen waren vor Angst
geweitet.

»Der Doktor wartet schon auf uns.«

Wieder wollte Tadaki ihr den Topf abnehmen. Diesmal, um
sie an die Hand nehmen zu können. Doch bevor er den Topf
auch nur berührt hatte, stellte sie ihn plötzlich ab und lief
davon. Er lief ihr nach, ergriff ihre Hand und hielt sie fest.

»Es wird dir gefallen», versprach er. »Es wird dir ganz bestimmt gefallen.«

Da seufzte sie nur noch und folgte ihm still zurück zur Universität. Und als sie an ihrem Topf vorüberkam, bückte sie
sich nicht danach, sondern ging nur steif neben Tadaki her.

Anmerkung

Tadakis Geschichte ist nicht erfunden. Für seine Familie und ihn, für Damani, Nona und Dr. van Molenbek gibt es Vorbilder. Dennoch ist diese Geschichte – die ich bereits 1977 in einer anderen Fassung das erste Mal veröffentlichte – kein Tatsachenbericht, sondern ein frei gestalteter Roman.

Ich habe die Geschichte aus zweierlei Gründen neu erzählt: 1. weil mich die ursprüngliche Fassung – meine erste Prosa-Veröffentlichung überhaupt – literarisch nicht mehr befriedigte und 2. weil Tadakis Geschichte auch heute noch nichts an Aktualität eingebüßt hat. Einzige Ausnahme: In den Innenbezirken der indonesischen Großstädte gibt es keine Betjaks mehr. Die indonesischen Behörden haben sie als Verkehrshindernisse aufs Land hinaus verbannt. Für die Tadakis von heute eine Gelegenheit weniger, sich am Leben zu erhalten.

Einer der Tadakis von heute heißt Sudarmoko. Seiner Familie und ihm widme ich dieses Buch.

Nachwort

Wer über Indonesien berichtet, kann den Hass zwischen Chinesen und Indonesiern nicht übergehen. Wie in vielen Ländern der Erde kommt es auch in Indonesien immer wieder zu Ausbrüchen von Rassenhass zwischen der Mehrheit und der Minderheit in der Bevölkerung.

In Indonesien leben heute weit über 150 Millionen Menschen, darunter etwa 800000 Chinesen und viele, nicht genau zu schätzende Peranakans – so genannte Halb-Chinesen.

Die Peranakans waren Händler und Handwerker, Bauern und Fischer, die schon vor hunderten von Jahren ins Land gekommen waren. Sie heirateten indonesische Frauen und vermischten sich über die Jahrhunderte hinweg stark mit dem indonesischen Volk.

Der jüngere Konflikt zwischen Chinesen und Indonesiern stammt aus der zweiten Hälfte des vorigen Jahrhunderts. Zu dieser Zeit, in der Indonesien niederländische Kolonie war, wurden viele Chinesen als Plantagenarbeiter oder Arbeitskräfte für Zinnminen angeworben. Diesen Chinesen – im Indonesischen Totoks genannt – war es nicht erlaubt, Land zu besitzen. Viele von ihnen aber waren sehr fleißig und geschäftstüchtig und gründeten im Lauf der Zeit immer mehr kleinere und größere Handelsniederlassungen, Fabriken und andere Unternehmen. Auf diese Weise wurden sie für die niederländischen Kolonialherren bald unentbehrlich und gerieten in den Ruf, Handlanger der Fremden zu sein – ein Ruf, der ihnen unter anderen politischen Gegebenheiten noch heute anhängt.

Andererseits war es den Chinesen nur möglich, Wohlstand zu erwerben, wenn sie die nicht ganz so zielstrebig auf Gewinn bedachten Indonesier für sich arbeiten ließen. So wurde die Rassenfrage nach und nach auch zu einer Klassenfrage – hier die zum größten Teil besitzlosen Indonesier, dort die schon bald in der indonesischen Wirtschaft führenden Chinesen.

Die indonesische Verfassung von 1945, dem Jahr, in dem Indonesien die Unabhängigkeit erlangte, kennt keinerlei Unterschiede zwischen Indonesiern verschiedener Abstammungen. Und mit Erlangung der vollen Souveränität der Republik Indonesien im Jahre 1949 wurden alle in Indonesien geborenen Chinesen, die seit mindestens fünf Jahren im Land lebten, als vollberechtigte Bürger anerkannt. Dennoch blieb das Chinesenproblem eine Quelle des Hasses und des Streits. Besonders in den sechziger Jahren unseres Jahrhunderts kam es immer wieder zu neuen Ausbrüchen von Chinesenfeindlichkeit.

Eine der Ursachen dafür war ein Gesetz der Volksrepublik China, nach dem jedes Kind eines chinesischen Elternteils von China grundsätzlich als Bürger Chinas anerkannt wurde, egal, ob Geburtsort oder Wohnsitz im Ausland lagen oder nicht. Davon fühlten sich die indonesischen Behörden brüskiert, und die Folge war, dass sie chinesischen Geschäftsleuten untersagten, in ländlichen Gebieten Handel zu treiben. Diese Maßnahme zwang viele chinesische Familien zur Aufgabe ihrer Existenz und trieb sie vom Land weg in die Kleinstädte. Bis zu einhunderttausend in Indonesien geborene Chinesen aber verließen Indonesien ganz, um in die Volksrepublik China auszuwandern.

Zum Höhepunkt im indonesisch-chinesischen Rassenkonflikt kam es im Oktober 1965. In jenem Monat wurde die indonesische Regierung gestürzt, und alle Chinesen wurden kollektiv verdächtigt, für die ehemalige, links gerichtete und chinafreundliche Sukarno-Regierung gearbeitet zu haben. Viele Chinesen wurden niedergemetzelt, die chinesische Botschaft wurde angesteckt, und noch lange danach lebte die chinesische Minderheit in Angst und Schrecken vor der Verfolgung durch die indonesische Mehrheit.

1967 verabschiedete die neu eingesetzte Regierung unter General Suharto ein Gesetz, das verbot, weitere chinesische Einwanderer aufzunehmen. Gleichzeitig wurde allen bereits ansässigen Ausländern – und damit auch den Chinesen, die zumeist nicht die indonesische Staatsangehörigkeit besitzen – Schutz und Sicherheit für Leben, Eigentum und Geschäftsausübung garantiert.

Nach außen hin ist der Konflikt damit beigelegt. Im täglichen Leben der indonesischen Bevölkerung besteht er weiter. Nach wie vor beklagt sich die chinesische Minderheit über die anhaltende Diskriminierung durch die indonesische Mehrheit, nach wie vor beklagen sich die Indonesier über die nationale Unzuverlässigkeit der Chinesen, ihr rücksichtsloses Gewinnstreben und ihre Arroganz. Eines der vielen Nachbarschaftsprobleme unserer Welt; eine der vertanen Chancen, anstatt gegeneinander miteinander zu leben.

Klaus Kordon

Klaus Kordon
Monsun oder Der weiße Tiger
Roman
Gulliver Taschenbuch (78311) 424 Seiten *ab 12*
Friedrich-Gerstäcker-Preis
Preis der Leseratten des ZDF

Für Gopu, den Straßenverkäufer, ist es eine große Chance,
als Bapti, der Sohn des Fabrikanten, ihn als Boy mit nach Madras
nimmt. Aber was sich in dem großen Haus zwischen Herrschaft
und Dienern abspielt, kann Gopu nicht verstehen.
Er wird in Schwierigkeiten verstrickt, muss fliehen und
findet unter den Obdachlosen neue Freunde. Bapti folgt ihm,
aber dann beginnt die Regenzeit … Die Geschichte einer großen,
ungewöhnlichen Freundschaft und zugleich die Geschichte
vom Leben der Menschen in Indien.

Beltz & Gelberg
Beltz Verlag, Postfach 10 01 54, 69441 Weinheim